社会学入門

〈多元化する時代〉をどう捉えるか

稲葉振一郎

Inaba Shin-ichiro

1136

NHK BOOKS

NHK出版【刊】

Printed in Japan
［扉デザイン］ 永松大剛（BUFFALO. GYM）
［図版作成］ 原　清人
［イラスト］ 前田はんきち
［協力］ 山本則子

◉

目次

Ⅲ 〈多元化する時代〉と社会学

はじめに

　これから社会学の講義、とりわけ理論社会学への入門的な話をさせていただくわけですが、皆さんは「社会学」という学問に対して、どのようなイメージをもっておられるでしょうか。まっさらの初心者よりも存外、少しばかり勉強してみたという人の方が、かえって混乱して、イメージがつかみにくくなっているのではないでしょうか。

　毎年新学期に、社会学専攻の新入生の皆さんに対して「なぜ社会学をやりたいの？」と聞いてみますと「何でもやれるというのが社会学の魅力だと思ったから」という人が結構多いのです。実際、多くの社会学の入門教科書も、そんなふうに「社会学の魅力」について語っている。でも実際にそういう教科書を読み、あるいはそういう教科書を使った入門講義を聞いてみて、悩んでしまった人もいるのではないでしょうか。つまり「社会学ってあまりに何でもかんでもやるので、かえってつかみどころがない」というふうに。

　たとえば、そういう入門教科書においては、国家の権力や、資本主義経済といったテーマが、社会学の重要なテーマとして扱われている。けれども考えてみると、国家権力の問題を扱うときには政治学、経済の問題を扱うときには経済学という学問が、社会学とは別に、それぞれ立派に成立している。となると「社会学とは何か」、つまり「社会学は何でもかんでも首を突っ込むけれど、その固有のアイデンティティというのはいったいどこにあるの？」という疑問が浮上してくるのではないでしょうか。

この講義は、そうした疑問を抱いた人を、主たる読者として想定しています。つまり、これまでの多くの教科書の目指すところが「社会学を使って考える」「社会学の側から世界を見る」というものであったのに対して、この講義のテーマは「世界の側から社会学を見る」というものです。世の中の一部、社会の一部としての社会学という営みは、どういうところに位置していて、どのような問題意識をもち、何をやっているのか。これについて考えてみたい。

現代社会においては、大学という組織を主な拠点として、学問・科学という制度が存在しています。学問はその中で人文科学・自然科学というふうにおおざっぱに分かれ、更にそこから数限りない専門分野にどんどん細かく分かれていくわけですけれども、そういう枝分かれの中に、「人文科学」という大家族から分かれて独立してきた家族として「社会科学」のグループがあり、その中に「社会学」がある――まずは社会学という学問の中身について、何も具体的に考えなくとも、この程度のことはいえてしまいます。しかし、これだけでも十分ややこしいですね。この学問の枝分かれというのはどういう仕組みでできているのか。それだけでも突っ込んで考えていけばいろいろと分からないことだらけです。

それからもう一つ重要なのは、「社会学」という用語は比較的新しい言葉であるということです。「社会学」はヨーロッパ語の「ソシオロジー（英語のsociology、フランス語のsociologie、ドイツ語の

Soziologie等）」の日本語（そして中国語や朝鮮語）への翻訳ですが、これらの翻訳語はもちろん、もとの「ソシオロジー」という言葉自体が、一九世紀半ばに出てきた、結構新しい言葉だというわけです。更に大学という制度の中に、新興勢力の社会学が立派な学問として認められ、参加を許される（科目や講座が設けられ、専任の教授がスタッフとして雇われる）のはもっと後の一九世紀の末ごろで、フランスとかドイツあたり、それからアメリカで始まる。イギリスでも、社会学的研究をする人たちが一九世紀の末ごろに出てきて、「社会学」という言葉をタイトルに入れた本も出版されるようになりますが、大学に講座を獲得するのはもう少し遅れます。

このように社会学という学問は、歴史的に見て比較的新しいものです。それでは、いったいなぜ「社会学」などという新しい学問が出現してきたのか？　それは何かの役に立つから、つまり人々が「社会学という学問があるといいな」と思って、それに向けて努力してきたから、その結果「社会学」という学問が新しく作り出されてきたんだろう、と思いますよね。では、いったい人々は、社会学が何の役に立つと期待していたのでしょうか？　そして実際にできあがった社会学は、そうした人々の期待に応えているのでしょうか？　こういったお話をしていきたい。

I

社会学の理論はどのようなものか

第1講●理論はなぜ必要か——共通理論なき社会学

それでは最初に、「社会学の理論とはどのようなものか？」という茫漠《ぼうばく》とした話から始めたいと思います。

この講義は社会学の「各論」ではなく「総論」です。しかし単なる「各論」としての寄せ集めで「総論」をやるのではなく、さまざまな「各論」の基底としての「総論」、というより「基礎理論」「原論」をやります。つまり、「産業社会学」だとか「政治社会学」だとかいった、いろいろな社会学について、顔見世興行、観光ガイド的な紹介をするのではなくて、そうしたいろいろな社会学が全体として共有している感覚について説明していきたいわけです（ところがここで「理論」といわず「感覚」といってしまっているあたりで、分かる人には分かるというか、何となくオチが見えてしまうのでしょうけれど）。

社会学の理論の現状

社会学のみならず、普通、学問研究においては、一人ひとりの研究者ないし一つひとつの研究グループは、それぞれ自分の問題関心に応じて、好き勝手なことをやっています。実際、皆で同じことをやっていてもしょうがないですから、そこは分業、というわけです。しかしそうなると、おのおののやっていることがあまりに違いすぎ、互いの研究テーマの間の関係が分からなくなってきて、話がともすれば通じなくなるということもありそうですよね。いや実際にあるのです。

　それでもいわゆる「自然科学」の場合、誰でも知っていて、それを共通の基礎としてふまえている「基礎理論」「一般理論」とでもいうべきものが、ある程度はっきりとあることが多いのです。「社会科学」の中でも、とくに経済学の場合には、そういう色彩が濃厚です（図1-1）。しかし社会学においては、「誰でもが共通の土台としてふまえる基礎理論」がはっきりとは見当たらない。社会学者はそれぞれ、自分の問題関心に応じて、社会を理解するための理論を学び、あるいは自分で作ったりしているのですが、そういう理論が社会学の場合にはたくさんありすぎる。

　もちろん社会学以外の他の学問においても、それぞれの問題状況にあわせた多様な理論を作っていますが、それらの理論の基礎には共通のシンプルな「一般理論」「基礎理論」があり、そこから個別の「特殊理論」「応用理論」がどんどん枝分かれしているという感じです。ところが社会学の場合は、それぞれの理論の間の共通性がかなり希薄です。つまりそれらの理論の源流たる「基礎理論」「一般理論」のようなものが見当たらない。

　もう少し正確にいいますと、社会学にはいろいろな個別研究、

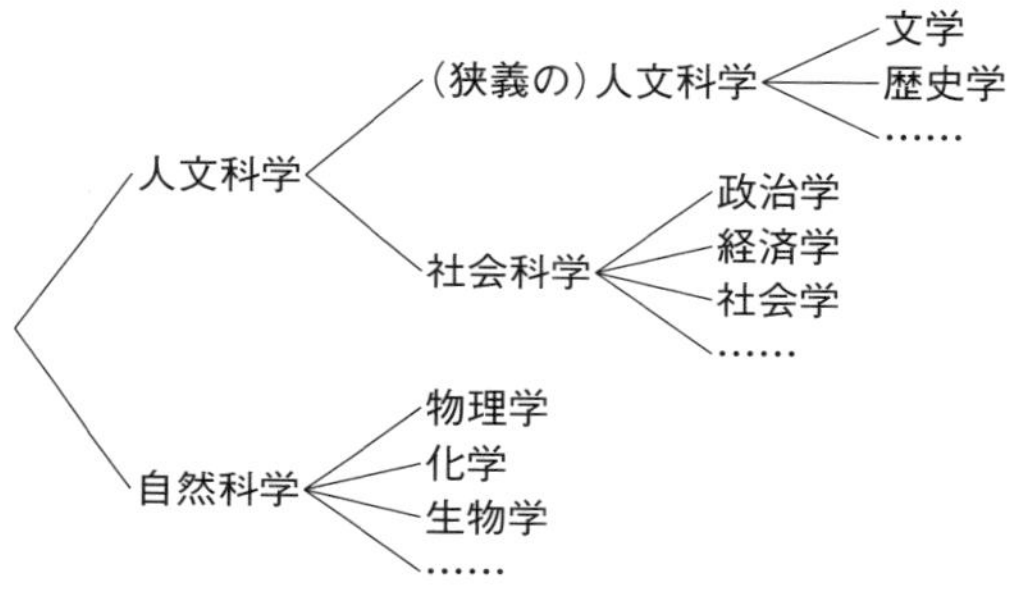

図1-1　学問体系図

そしてそれらを導く応用理論の間を橋渡しし、同じ学問の仲間として基礎づけようとする「基礎理論」「一般理論」がないわけではないのですが、そうした「基礎理論」「一般理論」を作っている人たちがたくさんいて、それぞれの「基礎理論」「一般理論」の間にかなりの違いがある。多くの自然科学、それから社会科学においても経済学などでは、はじめはおのおの勝手なことをいっていたのが、だんだんと時間が経過するにつれて、皆で寄ってたかって一つの大きな理論を一緒に作っては壊し、直し、徐々に基礎理論が練り上げられていきます。ところが、社会学においては一向に収斂《しゅうれん》する気配がない。つまり、個別的な特殊研究だけでなく、基礎理論、原理のレベルで、めいめい勝手なことをいっている——それが社会学の、細かい実証研究のみならず基本的な理論レベルまで含めての現状です。

社会学のアイデンティティ問題

そうすると当然、「では全体としての社会学のアイデンティティとは何なのか？　コミケ（コミックマーケット）にアルコール依存に学歴競争、かと思えば途上国の貧困に国際紛争……とまったく異なる対象を研究している人たちが、皆同じく「社会学者」を名乗っているけれど、この人たちを一つの仲間にまとめているものは何か？　いったい彼らは何を共有しているのか？」という疑問が浮かび上がってきますよね。それこそがこの講義全体のテーマになりますが、今日はその前段の話をします。

第一回目の講義では、なぜ社会学には共通理論が生まれなかったのかという話ではなく、社会学に限らず、社会科学、もっと大きくいって科学の研究にとって、そもそも「理論」とは何であり、何の役に立つのか、という話から始めます。他の学問ならまだしも、社会学の現状が今お話ししたようなものだとすれば、皆さんの中には、「少なくとも社会学の研究にとって、理論はいらないのでは？」という疑問を抱かれる人がいるかもしれませんね。しかし、研究者の間での共通了解、学者たちの間に共有される常識としての理論の役割は、なかなかに大きなものです。というわけでここでは、「理論はやはり重要で、必要なものなんだよ」ということを説明させてください。

この講義のテーマは理論ですから、実証研究それ自体の話はほとんどしません。しかもテーマの都合上、社会学の理論研究の抱える病理とでもいうような、困った話を重点的にとりあげていきます。それだけに一層、前もって、「理論というものは実証のための道具としても大事なんだよ」ということを大前提として確認しておかないと、皆さんにあらぬ誤解をされる危険がある。そこで最初に、理論と実証の関係についてお話しします。

統計調査にもとづく失業率の把握

社会学というより、経済学の分野にもまたがった話になりますが、とりあえずは具体的な例、ここでは失業率と自殺の関係を見ていきます。

一九九〇年代、日本は景気がどん底に悪かった。九〇年代末ごろは就職「超氷河期」といわれており、今三〇代くらいの人たちの少なからずは定職に就くことができず、長いことフリーターをやっていて生活が苦しく、「ロスト・ジェネレーション」などと呼ばれている……ということはご存知かと思います。さて、日本の景気は二〇〇〇年代半ばあたりからよくなってきて、大学生の就職状況も改善してきました。しかしここにきてまた、アメリカの金融危機が引き金になった世界不況の影が重く垂れこめています。

ところで、「景気が良い」あるいは「悪い」とは、いったいどういうことでしょう? 簡単にいえば、お金が儲かっている人が比較的たくさんいる状況が「景気が良い」という状況で、その反対が「景気が悪い」状況だといえるでしょう。もう少し踏み込んでいえば、たくさんの人がお金を儲けることができるとは、自分の作ったものやサービスを他人にたくさん買ってもらえている、ということです。そしてまたこうしてお金を儲けた人が、そのお金を使って他人からものやサービスを買えば、他の人々の儲けも増えていきます。景気が良い、好況とは、このように人々の間の取引が活発で、たくさんのものやサービスが作られ、消費されているような状況です。これに対して不況とは、どういうわけでか人々の間での取引が不活発になり、ものを作っても売れず、仕事をしようにも声がかからず、お金が儲からず、だから他人からものやサービスを買うことができず——という悪循環です。

どうしてこんなことが起きるのかを本格的に考えるためには、経済学を勉強していただく必要がありますが、それはこの講義の主題ではないので飛ばします(巻末の読書案内を頼りに、各自で経済学の勉強をしてください)。とりあえず不況とはこういうもので、時々起こってしまうものだ、ということだけ、頭に入れておいてください。

さて、現代の発達した資本主義的市場経済のもとでは、多くの人々は自分で事業を営まず、会社という組織に雇われて働き、会社から払われる給料を主な収入源としています。そのような状況では、不況は何よりもまず失業（働きたいのに職に就くことができず、働けない状態）の増加を意味します。この（正確にいえば「非自発的」）失業の度合を測るために、われわれは、失業率という数字を使います。これは働きたいと思っている人たちの中での、働きたいのに仕事がなくて働けない人たちの割合です。現代のほとんどの国では、官庁統計として失業率を定期的に測定しています。

たとえば、国勢調査というのは全数調査（「センサス」といいます。調査する対象の全部をしらみつぶしに調べます）ですが、とても大変なので五年に一回です。年に一回とか月に一回数字を出すような調査はサンプル調査をします。つまり、調査したい対象の中から、くじ引きなどをしてランダムに調査対象を選び出して調べます。この「ランダムサンプリング」というのは社会調査を行うときの基本中の基本ですから、社会調査の授業では注意して聞いて、よく勉強してください。失業率もまた、官庁が定期的に行っているこうした調査によって出されています。そしてこの失業率という数字でわれわれは失業という現象を捉えます。役所が測定している失業率がどれくらい正確かということについては、もちろんいろいろ問題がありうるのですが、それでもできるだけ正確な数字を算出するように関係者は苦労しています。実際、国の経済政策の基礎になっているこうした数字が不正確だと、いろいろ困ったことが起きますからね。

失業率と自殺率の数字の連動

この失業率という数字ですが、これだけ見ていても別にそれほどおもしろいことはない。他の数字との関連で見て初めて、社会科学的な意味でのおもしろみが生じます。経済学ではこの失業率とＧＤＰや物価との関係などを調べていくのですが、社会学の場合はもう少し他のところに目をつけます。

社会学的な関心からすれば、失業率との関連でよく注目されるのは、たとえば犯罪に関する数字です。「犯罪」と一口にいっても、警察や法務省などの役所が調べて出している犯罪にまつわる数字には、犯罪被害者数や犯罪発生件数があり、更に犯罪発生件数の中でもたとえば暴力犯罪や知能犯罪などでは、それぞれ数値の推移の仕方が異なっています。それでもおおまかにいうと、失業率と犯罪に関する数字はかなり連動する。とくに、いわゆる経済犯、窃盗《せっとう》などがはっきり連動する傾向にある。平たくいえば、失業が増えると泥棒のたぐいも増える、ということです。

更にここまでくれば、当然思いつくのは自殺ですね。「不況になると自殺者が増える」とはよくいわれます。もちろん、個別のケースを見ていけば、「人生いろいろ」でそれぞれに原因が考えられますが、一つひとつのかけがえのない人生の個性にはあえて目をつぶって、全体としての傾向を見たときには、自殺率と失業率は似たような動きをしている、ということが分かります。こういうふうに、単に一つの数字だけを見ていてもあまりおもしろいことはないのであって、連動している複数の数字の組み合わせを見つけ出していくことが、統計数字を見ながら社会について考えるときの基本です。つまり、複数の数字を見たときに、それらの数字の間に一定の規則的な関係が成り立っているらしい、ということを見つけ出していく作業が、社会の科学的な分析の第一歩であるといってもよい。

社会科学の存在理由

ただし、ここで重要な問題があります。いくつかの数字が同じ方向に動いている——たとえば失業率が上がっていると、その一方で泥棒や自殺が増えている——といった規則性（と見えるもの）が発見できたからといって、それでただちに社会科学的な話になるというわけではないのです。なぜこれらの数字が連動しているのか、その理由を考えなくてはいけない。数字の連動という現象の背後にある現象を生み出すメカニズム、つまりどのような因果関係があるのかを考えないといけないわけです。このメカニズムを説明するものが「**理論**」です。

社会科学は一般に、政策科学としての側面をもちます。経済学という学問は、まず何より経済の効率を増すためにある。人々の間の取引がスムーズに進み、社会全体としてたくさんの有益なものやサービスが生産され、人々が豊かに暮らせるようになるために存在している。もちろん、個人としての経済学者の中には、世の中をよくしようとは毛頭考えておらず、ただただ子供のような知的好奇心で世の中の仕組みをより深く理解したいと願い、そうした知識が何かの役に立とうが立つまいがどうでもよい、という人もいるでしょう。しかし、そういう人たちも含めて経済学者たちがたくさんいて、世の中でお給料を払われたり研究費を与えられたりしている理由は、いったい何でしょうか？　経済学者の分析を純粋に娯楽としておもしろがってお金を払ってくれる「経済学ファン」もいないわけではないでしょうけれど、小説や映画の愛好者のようにたくさんいるとはとても思えません。そうではなくて、やはり経済学の研究が、経済の調子を、つまりは世の中をよくしてくれる経済政策のために必要な知識を提供してくれるから、つまりは世のため人のために役に立つ（と思われている）からこそ、経済学者たちは給料を払ってもらっているのではないでしょうか。
社会学の場合には、経済学の場合よりは「ファン」の貢献度は相対的に大きいと思われますが、それでもやはり社会学の重要な存在理由、すなわち大学に講座もあり、国や公益団体からお金をもらえるその理由は、やはり「世のため人のため」に「役に立つ」（と思われている）からでしょう。つまり、単なる知的な娯楽であるにとどまらず、実際に社会問題の解決に役立つ知識を提供する、と。

しかし、社会問題の解決に社会学が役に立つためには、社会学が世の中をどのように理解していなければならないでしょうか？　そこで重要なのは、社会問題を引き起こしている因果関係のメカニズムについての理解です。先ほどの話に戻れば、どうして失業率と犯罪発生件数や自殺率には連動関係があるのか、その理由を考えなければならない。

原因と結果をつきとめる

ここで「自殺者を減らしたい」「犯罪を減らしたい」という政策目標を立てたとしましょう。そうすると、ただ単に失業率と犯罪発生率・自殺率という数字を眺めて「この数字とこの数字が連動していますよ」というだけでは困るわけです。なぜなら、それらの数字が連動しているだけでは、そのうちのどれが原因でどれが結果に当たるのかは分からないのです。今念頭に置いている失業と犯罪・自殺との関係の場合だと、われわれは直観的・常識的に「勤めている会社が倒産して失業すると、自殺したり犯罪に走ったりすることがよくある」と判断し、だから「失業が原因で、犯罪や自殺が結果に決まっているではないか」と思ってしまう。そしてこの場合、たぶんそれで間違いではない。でも、犯罪の方が原因で、失業や自殺の方が結果だ、という可能性はまったくありえないのか？　そういうことは考えられないのか？

「そんなの屁《へ》理屈だよ」といいたくなるような代物《しろもの》ですけれど、そういう理論をでっち上げることもできなくはありません。先進国においては、失業が原因で、犯罪とか自殺が結果というのは圧倒的に自明な結論だといえそうですが、世界の中には、必ずしもそういう常識が成り立たないところもある。日本なんかは、治安が安定していて、裁判所や警察にまずまず信用が置ける国です。でも、そうではない国だとどうだろうか？　警察は賄賂《わいろ》を渡さないとまともに働いてくれないし、裁判もめちゃくちゃで、マフィアが幅を利かせている——そういう状況だと逆の因果関係が働くかもしれない。そもそもビジネスというものは、平和な世の中でなければ成り立たないわけです。まじめに働き、正直な商売をする方が儲かるという社会でないとビジネスは発展しない。人の命や財産が尊重されていない社会では、まじめに働くとバカを見てしまう。先進国においては成功への道であるようなことがあまり意味をもたなくなる。そういう世界のことを考えると、逆の因果関係の方が働いているかもしれない。つまり、法と秩序がきちんと確立しておらず、犯罪が横行しているからこそ経済活動が停滞し、失業も増える、というメカニズムが成り立っているかもしれないのです。

数字の連動を示すだけでは、まだその背後にある関係について何かをいったことにはならないのです。一緒に変動している二つの数字——ここでは失業率と犯罪・自殺率——があったとして、いったいそのどちらが原因で、どちらが結果なのか？　あるいは、われわれが気づいていない第三の

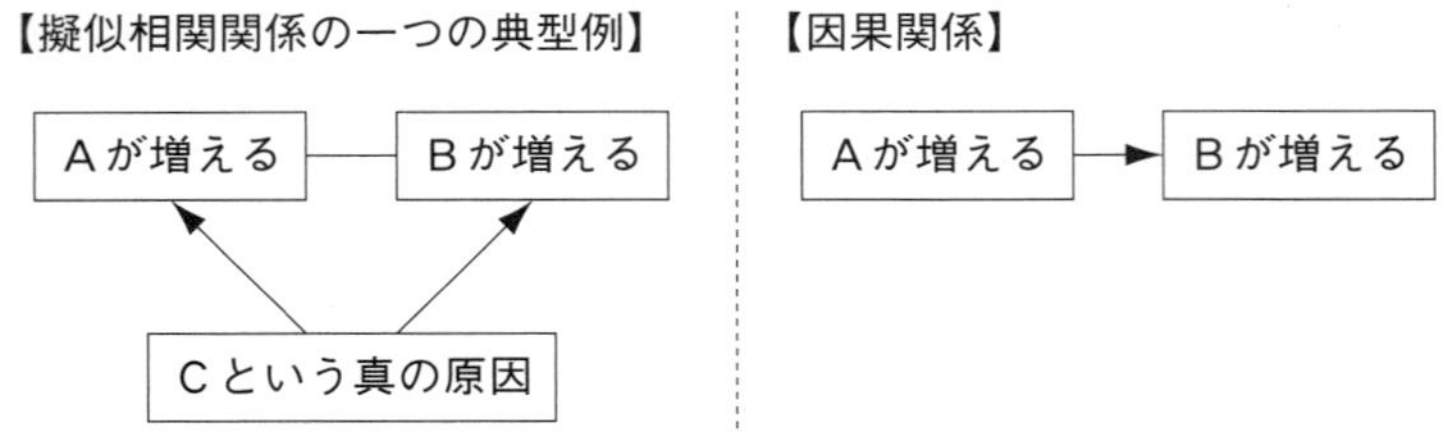

ＡとＢは連動して動いてみえるが、実は両者を動かす別のＣという原因がある場合には、ＡとＢは擬似相関関係にあるという。

ＡがＢの原因であり、ＡとＢは因果関係にあるといえる。

図1−2

要因があって、それが失業と自殺の両方を上げたり下げたりしているけれど、失業と自殺との間には、特別何の関係もないのかもしれない。こういう状況を社会調査などでは「擬似相関関係」といいます（「擬似相関関係」とは、ある変数同士が統計的には相関していても、実際には両者の間に因果関係、影響関係がない状態を指します。「擬似」とはいっても「偽の」ということではありません）。

一方、「相関関係」というのはただ単に、いくつかの数字の変動が連動していることだけを指します（相関関係には、因果関係も疑似相関関係も含まれます。図1−2）。数字と数字の間の相関関係は、もちろん、高い確率で何らかの因果関係がその背後にあることを予想させます。ただ、断言はできない。まったくの偶然である可能性さえ、少しは残っている。したがって、相関関係は「ここが怪しいぞ」という印でしかない。

では、因果関係自体はどうやって発見するのでしょうか？ 実は、因果関係を統計数字だけから直接発見する方法はありません。因果関係はわれわれが考えて、推測するしかないのです。相関関係の背後にどのようなメカニズムが働いているのかを考える、それが普通の意味での科学的な理論です。

さて、話を政策の問題、社会問題の解決という話題に戻しましょう。実際には、失業も自殺もどちらも立派な「社会問題」であって、どちらも少ないに越したことはないのでしょうけれど、とりあえずここでは便宜的に「自殺を減らす」という政策目標を掲げているとしましょう。さてここで、自殺率と失業率との間に強い相関関係があったとします。まずは、この両者の間の関係は単なる見かけの関係、擬似相関関係やまったくの偶然にすぎないのではないか、と疑ってみる必要がある。その上で「やはり関係がありそうだ」となったとしても、どういう関係があるのかを検討してみなければならない。もしも失業の方が原因で、その結果自殺が増えたり減ったりするのであれば、自殺を減らすためには失業を減らす、景気を良くするという手段をとればよいことになる（実際にはそれはそれで難しいことですが）。ところが関係がその逆だとすれば、失業対策、景気対策それ自体には、自殺を減らす効果はないことになり、自殺を増やす原因を他に探す必要が出てくる。このように、社会問題の因果メカニズムが分からなければ、その解決のための手を打てないし、因果メカニズムを理解するためには、ただ丹念に事実を観察するだけではだめで、理論が必要となるのです。

社会科学における実験の難しさ

では次に、理論を現実に照らして検証していく際の問題について考えていきましょう。いくつかの理論が、ある現実の社会現象を説明する際の候補、すなわち「仮説」として競合しているような状況を考えてみましょう。どの理論が正しくて、どれが間違っているのかは、どうやって確かめていくのでしょうか。こうした手続きとしてすぐに思いつくのは「実験」ですね。人為的に問題となる現象を再現してみて、それに照らして複数の理論的仮説の適合性のよさを比較する、というやり方です。ところがやっかいなことに、社会科学において実験が不可能——ではないですが、しばしば非常に難しいという問題があるのです。

そもそも科学において「実験」とはどのようなものでしょうか？　理系の皆さんはもちろんご存知でしょうし、文系の皆さんの場合にも、高校までの理科の実験のことを思い出していただけばよいでしょう。まずだいたいの場合、実験で扱う対象は、物理・化学なら生き物ではなくてモノ、化学薬品とか機械ですし、生物学の実験だって普通、人間は扱わないですよね。大学の心理学では人間相手の実験をやったりすることもあるでしょうが、それだってまさに「実験室」という、現実の世界から切り離された人工環境の中に人を閉じ込めて行うことが普通です。

では、「社会」という対象を実験室の中に閉じ込めることが可能でしょうか？　それこそ心理学でやっているような（心理学の中には「社会心理学」という社会学の隣接分野もあります）、数人から多くてせいぜい数十人の人々を実験室に入れて、一緒に過ごしてもらうという程度の実験なら何とか可能でしょうが、社会学や経済学、政治学がやりたいことの多くは、そういう小規模な実験では取り扱えないような現象であることが多そうです。

社会科学で本格的な「実験」と呼べるようなものがあるとすれば、たとえば同じような条件の二つの町で、それぞれ別々の政策を実施してみて、その上で結果を比較対照するというやり方ですね。これは不可能なことではないですが、相当コストがかかるし時間もかかる。少なくとも個人の研究者にはもちろん、普通の大学の研究室でだってできるとは思えない。とはいえこの手の事業は、現実には結構行われている。日本の場合、一部の地域で特別な制度を試験的に導入して――たとえば、義務教育において、「学校法人」ではない「株式会社」形式の学校を作ることを許可するなど――、その効果を調べる「構造改革特区」がそれに当たるといえましょう（ただ現実の「構造改革特区」において、そうした政策実験の科学的な検証をちゃんとしているかどうかは怪しいのですが）。しかし、それより重要なのは医学や公衆衛生学における臨床治験です。新しい薬や治療法の効果を調べるために、あるいは生活環境と病気の関係を調べるために、この手の対照実験がよく行われます。でももちろん、相当大変な仕事であることに変わりはないですよね。

実験というのは、条件をそろえた上で、ピンポイントの比較を行うところが肝《きも》です。たとえば、二つの町で地理的条件とか産業構造とか年齢構成とか所得水準とか、とにかくいろいろな条件が似通っているという前提で二つの政策を行い、その結果としてどういう違いが生じるかを調べます。うまく条件がそろってさえいれば、その後の違いをもたらしたのは、基本的には政策の違いである可能性が高い、といえる。要するに、はじめから条件の違うところ同士を比較しても、あまり意味がないわけです。条件をそろえて、調べたいことのみについて違いを作って、どういうことになるかをチェックする。これが実験を行うときのポイントです。

しかしこうして考えると、社会科学では実験が不可能ではないにしても非常に困難だ、ということは明らかですね。二つの町で別々の政策を行うこと自体が、もちろん不可能ではないにせよ、とても大変なのはいうまでもありません。その上に、以下のような問題があります。小さな実験室であれば、調べたいポイント以外の他の条件をまったく同じにすることは比較的容易ですが、たとえば二つの町を同じような条件にコントロールすることが、とても困難であることはお分かりでしょう。われわれにできることはせいぜい、互いに似通った二つの町を何とか頑張って探し出すことくらいであって、二つの町の条件を実験者が好きなようにいじってそろえることなど、普通はできません。

他にも社会科学における「実験」の場合には、自然科学における実験の場合とは違った、生身の人間を相手にするがゆえのいろいろな問題がありうる。先に述べたような医学・薬学などでの臨床治験でも、きちんと事前に説明して、皆の協力があって初めてできるわけで、そういうことをせずにやったらだまし討ちになってしまう。とくに「実験」においては、ただじっと観察するだけでなく、相手の生活に介入するわけですから、その介入によってとんでもないことが起きる可能性もある。この手の問題は社会科学においても、「調査における倫理問題」として最近やかましくいわれるようになっています。そこで、調査においてはだまし討ちをせず、事前にしっかりと相手に説明する必要がある。

第一の方法：統計的な大量観察

このように考えると、社会科学において実験の代わりとして重要になってくるのが、第一に**統計**

的な大量観察、そして第二に**歴史研究**です。

まず統計的な大量観察について。実は、これまで例として挙げてきた失業率と犯罪発生率・自殺率云々の話は、この統計的な大量観察の一例です。つまり、統計上のデータを用いて理論の適合性を検証する、という方法です。

実証的な研究において、データの統計処理はとても重要です。もちろん自然科学における研究の場合にも、実験というのは多分に偶然に左右されますから、それを打ち消すために何回も実験を繰り返し、そしてそのデータを統計的に処理することがとても大切です。しかしそれ以上に、実験室の外でのフィールド、つまり現場での研究——たとえば生物学では、実験室の人工環境ではなく、自然な生息環境の中での生き物の行動を観察すること——においては、統計的な大量観察は、それ自体で実験も兼ねる場合が多いのです。つまり、実験の場合には研究者が自分でいろいろな条件を意図的に作り出して、それらを比較検討するわけですが、大量観察においてはその代わりに、大量のデータの中からさまざまに条件の異なるケースを選び出してきて、互いに比較することができます。社会科学における実証研究においては、先述のとおり実験がとても困難ですから、どうしてもこうした大量観察の統計的分析への依存度が高くならざるをえないのです。

もちろんこういう統計的研究は大変な手間がかかりますが、いつも研究者が自分で全部のデータを集めなければならないというわけではありません。国勢調査をはじめとして、国などの公的機関が政策実施の基礎データとするために、定期的にとっている既存のデータセットを利用することもできます。また実験とは異なり、相手の生活に介入・干渉する度合が格段に低くなるという点で、コスト面からも倫理面からも非常に有効です。それこそ犯罪や自殺率の事例のように、人の生き死にが露骨にかかわることについて、軽々に「実験」なんかできませんからね。

第二の方法：歴史研究

次に、第二の歴史研究の意義について説明しましょう。確認しますが、実験という作業は研究者が、研究する対象に手を加えて、その対象が置かれている状況をいろいろと変えてみて、その結果を比較するという作業であるわけです。統計的研究では、この互いに比較すべき多様な状況を自分で作り出す代わりに、たくさんのデータの中から選び出してくるわけです。それに対して歴史研究においては、過去にすでに起きてしまった出来事の記録をいろいろと集めて、それらを比較するわけです。たとえば、過去の記録を調べて、似たような法制度、似た経済状況にあるけれど、宗教が異なる二つの社会を比較してみる、といったことができます。そうするとこの二つの社会の間の違いは、法や経済によってよりも宗教によってもたらされたという可能性が少しばかり高いのではないか、という推測ができるわけです。

念のためにいえば、固有の意味での歴史学者は、必ずしもこのような「比較」という問題意識をもって過去を研究するわけではありません。少なからぬ歴史学者は歴史的出来事の個性、唯一無二性をこそ強調します。しかしながら社会学者（や経済学者、政治学者などの「社会科学者」）が歴史を研究するのは、だいたいの場合、このような「比較」を行う（そしてできれば、その背後にある一般的な法則性を発見する）ためです。社会学者たちは「比較」のために歴史的な資料を探究し、また歴史学者の業績を利用します（少し考えれば分かるように、統計的研究と歴史研究は必ずしも完全に別個のものではありません。それこそ過去の資料を統計的に処理する、「数量史学」とか「計量史学」と呼ばれるアプローチもあります。ただし過去、とりわけ官庁統計などというものをそなえた近代国家の出現以前には、統計的な処理に適したデータ自体がなかなか存在しないことが多いのです）。

こういう研究はひどくまだるっこしいし、不完全なものにしかなりえません。もちろん、意図的に二つの社会の置かれた条件をそろえるのも相当無茶なことですが、歴史的な事例の中から、二つの非常に似通った社会状況を選び出すというのも相当に難しい。それでも、歴史研究にはいくつかのメリットがあります。一つには、実験とは異なり、過去にすでに起こってしまったことを研究の素材にするから、現在進行の実態調査に比べて、倫理問題が起きにくいということ（起きないわけではありません。とくに、過去といっても比較的最近のことで、関係者が存命中の場合など）。そしてもう一つには、大量調査などの実態調査にもとづく研究は、金銭的にもマンパワーの点でも大変なコストがかかり、独力では難しいのに対して、歴史研究は既存の資料を読み込むことが中心なので、やろうと思えば一人でもできる。ですから歴史研究は、しばしば「他人（歴史学者）のふんどしで相撲を取る」と揶揄《やゆ》されながらも、社会学においても非常に重要な意義をもってきました。

ケーススタディに理論は不要か

しかしながら、社会学的な実証研究の方法が、統計と歴史研究に尽くされてしまうわけではありません。社会科学、とりわけ社会学や人類学においては、たくさんのケースを比較するのではなく、個別ケースに照準を絞り込み、それを徹底的に解明する、というスタイルの研究もあります。こういう研究は、しばしば大量観察データの統計的な解析を「量的調査」と呼ぶのに対して「質的調査」とか、あるいは「ケーススタディ」と呼ばれます。

ところで先ほど「因果メカニズムそれ自体は直接に観察することはできなくて、理論的に想定していくしかない」という趣旨のことを述べましたが、個別ケース研究をやっていると、しばしば因果関係ははっきりと目に見えてしまうものです――少なくともそういうふうに思えてしまいます。それこそ失業と自殺の関係一つとっても、個別の例、個人の自殺の事例なんかを具体的に見てしまうと、考えるまでもなく因果関係が目の前に飛び込んできてしまう。そうすると、失業と自殺の間の関係を考える際に、理論など必要ないかのように思えてしまう。

個別の具体的な事例、事件や人々の生活についての具体的な研究スタイルは、社会学だけのものではない。よく知られているように人類学では、基本的な研究法として、いわゆるフィールドワーク――調査対象とする社会に長期間にわたって住み込んで、内側から観察するというやり方――がありますね。またたとえば経営学でも、ある企業の研究をする際に、実際にそこの会社に一時的に就職して、仕事をしながら会社で何が行われているのかを分析していくという手法が使われることもあります。

こういうやり方は、ジャーナリストの取材のやり方と非常に似ています。そしてこういう研究には、一見したところ理論は必ずしも必要ではなく、それよりも人間的な洞察力やコミュニケーション能力などの方が重要であるかのように思われます。もちろん、そういう基本的な常識や洞察力の重要性はいうを待たないし、おそらくはこういう研究においては理論的能力以上に重要なことが多いでしょう。しかしここで理論の重要度が相対的に落ちることはあっても、不要になるとまでいえるでしょうか？　そこのところが問題です。

たしかに、優れた力量をもった研究者ならば、それを理解すれば誰にでも使えるはずの普遍的な枠組みとしての「理論」よりも、個人的な洞察力と名人芸によって優れた研究をやってのけてしまう。実際、社会学の実証研究においては、こういう個別ケース研究の比重は大きいです。そういうのを見ているとしばしば「理論はいらないのではないか？」と思ってしまう。ひょっとしたら、個人としての研究者レベルであれば、人によっては「私には理論なんていらない」ということもありうるのかもしれない。しかし、個別ケース研究だけで社会の実証研究が成り立つわけではありません。そして個別研究は、他の個別研究と組み合わせて比較研究の素材となることによって初めて、新たな生命を獲得できるわけです。ただしその場合には、比較の道具としての理論が必要になる。

また個別研究それ自体においても、誰もが名人芸ができるわけではない。大半の社会学者は平凡な人間にすぎないわけで、そういう意味では、個別ケース研究においても、普通は思考と分析を助ける道具としての「理論」が必要なのではないでしょうか。二〇〇八年にノーベル賞を受賞したポール・クルーグマンという経済学者は、「理論は投石器のようなものだ」といっています。投石器なしでも石は投げられるでしょうが、投石器があった方がより重い石を、より遠くまで、より正確に投げられるはずです。

社会学の特殊な状況

しかしながら、実は今日の話にはオチがあるんです。社会科学全般において理論が重要だということはお分かりいただけたでしょう。では、どんな理論が社会学にあるかというと、社会調査の方法論に関しては統計を中心として、ルースながらもある程度の共通理解が成り立っているんですが、困ったことに理論に関しては社会学全体としての共通見解がほとんどない、という状況に二〇世紀末あたりからなっています。こういう問題は、たとえば経済学にはそれほどない。経済学にもいろいろないきさつがあったけれども、二〇世紀の後半においては、「これが経済学だ」という共通理解が、かなりの程度定着している。

では、政治学はどうかというと、学問の成り立ちとしてみれば、社会学とわりと共通しているし、理論的な事情も似ています。ただし、政治学の場合は、取り組むべき対象がかなり限定されてはっきりしています。理論的にはめいめい勝手なことをやっているけれど、研究の対象はあくまでも国家とその権力が中心です。もちろん、権力は国家だけがもっているものではないし、国家には権力という側面しかないわけでもない、ということはどんな政治学者も理解していますが、国家とその権力は、すべての政治学者にとっての共通の問題関心の対象なのです。それに対して、社会学者は企業を研究したり国家を研究したり文学を研究したり、対象も共通していない。学問的アイデンティティが非常に揺らいでいるというのが社会学の現状である。

それでは、社会学には共有されているものがぜんぜんないのかというと、そうでもない。何かそういうものが見えた時代があったからこそ、社会学という学問が成り立ったのです。ではそれは何なのか？
次回は、それについてお話ししていきたいと思います。

第2講●「モデル」とは何か——合理的主体モデルの考察

「古典を読め」？

前回は「理論はなぜ必要なのか？」という話をしてまいりました。そして「理論が必要なのは分かったけれど、それでは社会学理論の現状はどうなのか？」というと、なんだかわけが分からない、というところで終わりでしたね。社会学においては、社会学者たちが全体として共有する「基礎理論」「一般理論」と呼びうるものがない、と。

それに対して自然科学の理論はしっかりしている。たとえば、物理学を習うときには皆、古典力学を習うし、それから電磁気学を習う。それで足りなかったら統計力学や相対論や量子力学に進んでいく、というふうに入り口のフレームはがっちりできているんですね。プロの物理学者のやっていることはそれぞれ非常に細かく分かれていて、原子や素粒子について調べている人もいれば、銀河団の運動法則について調べている人もいるし、果ては煙草の煙の流れ方とか、交通渋滞の研究をしている人までいる。こんなふうに個別の研究は種々雑多であっても、共通の入り口はかなりはっきりしている。

社会科学においても、経済学はかなりの程度このような感じです——世界中、どこの大学でもまず基本の入り口として理論経済学があって、それは「ミクロ」と「マクロ」に分かれている。これに加えて社会学における、統計的な社会調査の方法論に対応する「計量経済学」という科目がある。しかし社会学の場合には、こういう明確な入り口がないんですね。その代わり、世界中の社会学の教室で、「社会学の古典として、デュルケムとかウェーバーを、余裕があったらマルクスを読みましょう」などと教師が学生に勧めます。ところが、たとえば経済学だと「古典を読みなさい」という勉強のさせ方はもうやらないんですね。

そもそも自然科学ではずいぶん前から「古典を読め」などという指導は基本的にやらない。たとえば、ニュートン力学をやるからといって「ニュートンの書いた『プリンキピア』を読みなさい」とは、どこの物理学教師もいわない（科学史なら別ですが）。代わりに「現代的な教科書を読んで、練習問題を解きなさい」といわれる。経済学もそうなんです。それが社会学だと、もちろん現代的な教科書も読めとはいわれるけれど、同時に必ず「古典を読みなさい」といわれる。なぜなのか？

社会学の現代的な教科書の中身を見ると、とりわけ理論的に千差万別で、皆勝手なことをいっているんですね。それぞれに理論らしきものはあり、それぞれの理論は互いに似通っているんだけれど、どこかしら違う。同じ一つの理論に対して独自の解釈でバリエーションをつけているというより、互いに似通ってはいるけれど、基本的には独立した別々の理論がたくさんある、という状況です。だからつい社会学の教師は「社会学者は互いに勝手なことをいってわけが分からないかもしれないけれど、それでも皆が共通して社会学のご先祖様として認めている人たちがいるよ。そういうご先祖としてのデュルケムとかウェーバーを読んでおけば、社会学者たちが共有している「常識」とか「相場」が分かるよ。そうすると現代の社会学者たちが、互いに意見がバラバラであるにもかかわらず連帯感をもっている理由が分かるよ」といってしまうわけですね――いや実際には、ここまで親切に述べてくれる人はあまりいないと思うけれど、ぼくなりに社会学教師たちのいいたいことを翻訳すれば、こうなります。

実は政治学においても似たような状況がある。政治学の教育においても「現代的な教科書だけじゃなくて、古典も読みなさい」といわれる。そして政治学の「古典」といったら、社会学よりずっと昔にさかのぼってしまうわけです。社会学が社会学として出発したのは一九世紀がいいところですが、政治学の出発はもっとさかのぼる。いわゆる「近代」ということになれば一七世紀だし、さらにそれではすまなくて、紀元前、古代の古典を読まされる。つまり「プラトンやアリストテレスを読みなさい」ということになる。このへんは社会学の勉強では「読んだ方がいいよ」どまりなのが、政治学では「読みなさい」といわれる。そういう意味では似ているわけです。

しかし前回も述べたように、社会学と違って政治学では、学者たちの間の関心の焦点がかなり一致しています。一方、社会学者の場合は政治学者にとっての国家に当たるような、皆が共有する研究対象がない。分野としての社会学は何でも研究対象にしてしまう。政治学者と同じように国家の研究をしている人もいるし、企業の研究をしている人もいるし、家族の研究をしている人もいるし、文学とか芸術のことをやっている人もいる。もうバラバラです。

「モデル」という考え方

さて、先ほども述べましたが、「理論の標準化」が進んでいるという意味で、社会科学全般の中で自然科学に比較的近い、例外的な分野が経済学です。そこで、後に述べる社会学の根本的な発想との違いを明確にする上でも、経済学における標準化された理論というのがどういうものか、少し見ておきましょう。

しばしば経済学において支配的な科学方法論──平たくいえば研究法や理論構築における、基本的な発想の仕方──は、社会学者によってしばしば「**方法論的個人主義**」と呼ばれます。経済学（経済学者たち）は、社会を「個人の集まり」と考え、そのように理論を作る。極端にいえば「社会」というものは存在しなくて、実在するのは「個人」であり、「社会」とはその集まりに対して便宜的につけられた名前以上のものではない。だから、社会を理解するためには、基本的には個人の行動原理を理解してさえいればいい。社会の秩序というものは基本的には、たくさんの個人の行動の組み合わせとして理解可能だ、という立場をとる。

「個人主義」というと何かある種の価値観、「こういう社会がよい」という主義主張──この場合は「個人の権利を尊重すべきだ」といった立場──のように聞こえますが、ここでいっているのはあくまで「科学の方法」としての個人主義で、必ずしも「個人が大事」といった価値観とはつながりません。要するに、社会を科学的に探究する出発点としていきなり「社会とは」といった問いを立てないで、「社会とは個人の集まりである、そして個人とはどういう振る舞いをするのか、その相互作用としての社会とはどういう振る舞いをするのか」というふうに考えます。

しかも経済学では、分析対象とする個人を「**合理的経済人**」としてモデル化します。しかし「モデル化」とはいったい何なのか？

「**モデル**」というのはここでは、「模型」くらいの意味だと考えてください。ここでまた前回の「実験」についてのお話を思い出していただきたいのですが、社会科学において実験が難しいのは、相手が「倫理問題」を発生させてしまう「人間」だということもあるけれど、またそれと同じくらいに、相手が人間個人ではなく、たくさんの人々の社会的なかかわりあいであり、そもそもそういう対象について実験を行うのがとてつもなく難しい、という理由からでもありました。

たとえば、「社会」ほどではないかもしれないけれど、実験にかなりのコストがかかってしまうから、本来の研究対象ではなく、とりあえずその代わりのものを使って実験してみるというケースについて考えてみましょう。飛行機や船などを作るとき、またあるいは飛行機や船の問題について調べたいときの実験に、いきなり本物の飛行機や船を使うのは大変だし、実験で壊してしまったらもったいないないでしょう？　でも、車や飛行機や船を作るときの実験では、「どれくらいまでなら壊れないのか」を調べる、つまり壊すことを前提に行うこともあるわけです。ですからしばしば、実際に作る前にモックアップ（ひな形）を作っていろいろやりますよね。水槽に船の模型を浮かべたり、飛行機なら「風洞実験」というのもある。

これに対して理論とは「思考実験」であるといえます。頭の中で、あるいは紙の上で、研究対象の模型を作っていろいろいじってみるという作業だ、と。このような「思考実験としての理論においていじくりまわすために作られた、研究対象の概念的な模型」がここでいう「モデル」です。こういう「思考実験」と模型を使って行う実験のちょうど中間に、ここしばらくの間に急速に発展してきた、コンピューターを使ったシミュレーションがあります。たとえば、皆さんも遊んだことがあるかもしれない、コンピューター・ゲームのフライト・シミュレータです。あれは実験というよりはパイロットの訓練用に作られたものがもとになっていますし、有名な『シムシティ』ももともとは都市計画の研究・教育用のソフトです。それから山のようにある戦争ゲームですが、これはもとはといえばボード・ゲーム（紙のゲーム盤を広げて、将棋みたいに駒を並べて遊ぶゲーム）が始まりで、その起源は実際の軍隊の作戦研究で行われていた「図上演習」にまでさかのぼります。実際に部隊を展開して行う演習は普通の意味での「実験」に対応するわけで、「図上演習」はまさに「思考実験」ですね。

経済学のモデル——戦争ゲームとの対比から

話がそれました。さて、以上のように考えると、社会科学の理論一般についても、こういったシミュレーション・ゲームを手掛かりに考えることができます。人々が暮らし、社会を作っていく環境を模型化したものがゲーム盤。ゲームの駒は人間や人間の作る組織などです。問題は、ゲームのルールをどう設定するか、またゲームの目標、あるいはゲームのプレイヤーの目標をどんなふうに設定するかです。とりあえず戦争ゲームの場合は、「戦いに勝つこと」ですね（もちろん、勝ち負けの条件、尺度をはっきりさせなければなりませんが）。

しかし、こんなふうにゲームのプレイヤーの目標（戦いに勝つこと）をはっきりすることができ、そのぶん、駒がモデル化する人や集団の行動原理（勝利に貢献すること）も簡単に設定できる戦争ゲーム・演習とは異なり、一般的な社会科学の場合には、プレイヤーの目標とか、駒の行動原理の設定の仕方は、もっと複雑になります。

では、その中でも比較的シンプルな、理論経済学というゲームは、どのようにプレイされるのでしょうか（なお、経済学を主な母体として発展し、現在では社会科学全般、さらに生物学などでも広く活用されている「ゲーム理論」という手法がありますが、とりあえずこの意味での「ゲーム」とは違う意味で「ゲーム」なる言葉を使っていますからご注意ください）。

理論経済学の驚くべきところは、出発点におけるその単純さです。経済学の場合には普通、一つひとつの駒を個人のモデルとします。それ以外にも、個人が集まって一緒に生活する単位としての「家計」や、一緒に事業をして利益を上げるための組織としての「企業」、「政府」などを駒として考えますが、その中でも個人と並んで一番基本的な駒は企業です。そして将棋や戦争ゲームとは違い、たくさんの駒を使う「プレイヤー」はおらず、それぞれの駒がそれぞれに自分の目標を追求する「主体」として扱われます（一人のプレイヤーが一つの駒しか動かさない、というイメージです）。

それぞれの駒（プレイヤー）に設定される目標は、「自分の利益を最大にすること」です。ここでいう「利益」とは、おおざっぱにいって「収入マイナス費用」だと考えてよいでしょう。利益を最大化するためには、それぞれの駒はできるだけ費用を少なく＝自分の利用できる資源を効率的に節約して使い、その限りでできるだけ多くの収入を得ようとします。「合理的経済人」とはこのような性質、つまり自分の利益を増やすために、可能な限り最善の手を打って行動しようとする性向を指す言葉です。経済学のモデルにおいては、駒の性格がこのように非常に単純化されていて、極端にいえばこの一種類しか駒は登場しない、といってもよいほどです。個人以外の「家計」「企業」といった駒も、基本的には個人の集まり・組織、個人たちの協力関係と考えることができますし、個人がこうした集まり・組織を作って協力する理由も、あくまでも自分の利益の追求のためです。

経済学におけるこの「合理的経済人」の仮定、「自己の利益を目指す一種類の主体しか想定されていない」という点は、戦争ゲームとはおおいに異なるところです。戦争ゲームにおいては、駒にいろいろな種類があり、それぞれ性質が違います。また各駒は、自軍・自分たちの陣営というより大きな組織の中で、特定の役割を分担して全体として自軍の勝利に貢献するための存在であり、自分自身の固有の目的というものはありません。目的（勝利の追求）というものが見出せるのは、それぞれ一人のプレイヤーが統括する、一つの軍・一つの陣営のレベルです。

これはどういうことを意味するでしょうか？　たとえば、こんなふうに考えてみることができます。戦争ゲームにおける各駒の「歩兵」「砲兵」「騎兵」「工兵」といった複雑な役割分担は、戦争ゲームの中で最初から前提とされていて、それ自体は検討の対象にはなりません。もちろんゲームをプレイしながら、「歩兵と砲兵はこのように連携させるとよい」といった、役割相互の協力関係について新しい知見が得られたりすることがこのゲームの（もともとの）存在価値ですが、ゲームをやりながら新しい役割（戦争ゲームの場合なら新しい兵科や新兵器など）を作ることは、普通はありません。

これに対して経済学では、最初は同じような「合理的経済人」という性質を共有しているだけの互いによく見分けもつかない無個性な駒たちが、いつしかそれぞれが別々の仕事を選び、別々の能力を身につけて分かれていくさま（つまり「分業の発展」）を、あくまでもそれぞれが「合理的経済人」として自己の利益を追求する中で進むプロセスとして描くことができます。皆同じように「自分の利益を増やしたい」と思っていても、たまたま手元にどんな資源を有していたか、どんな能力や知識をもっていたかといった違いにもとづいて、それぞれ別々の仕事を選ぶのだ、というふうに経済社会における役割分担の形成を理解します。

すごく単純化して対比しましょう。戦争ゲームでは、膨大な前提を置いた上で、比較的シンプルな結論（どうすれば勝てるのか、等）を導き出そうとします。それに対して理論経済学では、非常に単純な前提から出発して、その組み合わせによって複雑な社会システムの動きを理解しようとするのです。そして結論を先取りするならば、社会学者の発想は、経済学よりは戦争ゲームのそれの方に近いのです。

「合理的経済人」モデルへの懐疑

しかしこのような対比をしてしまうと、経済学の方が社会学よりも理論科学として圧倒的にまっとうに見えてしまうかもしれません。シンプルな前提から積み上げて、複雑な現実を説明するというのですから、これぞ科学！　という感じがします。またわれわれは、物理学をはじめとする自然科学は基本的にこういうやり方で理論を作ってきた、と学んでもいます。そうするとますます、こちらの方がまっとうに見える。もしも社会学がその反対に、「一見単純な物事の背後に複雑な事情を見出す」ことにこだわる営為であるならば、それはむしろ科学の逆ではないか、という疑問を抱く人もいるかもしれない。

でもその反対に、経済学的発想に対して、「そんなに簡単に割り切ってしまっていいの？」という不安を覚える人もいるのではないでしょうか？　「心のない物理現象を相手にするのではなくて、心があって、自由意志がある「人間」が相手なんだよ？」と。

それに、「合理的経済人」というモデル（合理的主体モデル）は、いくらなんでも単純化の度がすぎるのではないか。この場合の人々の不安は、「合理的」という言葉と「経済」という言葉、この両方に引っ掛かってくるようです。

まず「合理的」の方。人間はそんなに、合理的でしょうか？　普段は人間は何の気なしに行動していて、いちいち「何が得で何が損か」と計算してなどいないのではないでしょうか？　それどころか、ただ単に考えが足りないというにとどまらず、頭では分かっていても気持ち・感情がついていかずに、ついつい自分の利益に反する、損な行動をとってしまうものではないでしょうか？

そして第二に「経済人」の方。そもそも人間は経済的な損得勘定だけで動いている生き物でしょうか？　すでに述べたように損得とは別の「感情」という尺度に従っても生きているのではないでしょうか？　また仮に人間が「合理的」であることを認めたとしても、その合理性だって、経済的な損得勘定だけに尽くされるはずはありません。公共のために尽くしたり、あるいは真理を追究したりといった無私の営為は、「非合理的」でしょうか？

それに加えて、「人間はそんなに皆一緒だろうか？」という疑問も湧くでしょう。経済学が想定している「合理的経済人」はあまりにも単純で、人々の間のさまざまな違い、多様性をうまく描き出せない、という違和感を与えかねません。しかし現実の社会の中では、人間の生き方、暮らし方、仕事のやり方は非常にバラエティに富んでいます。すでに見たような軍隊はそのほんの一例ですが、その他にも会社、役所、学校といった、現代社会を形作るさまざまな「組織」の中で、人々はいろいろな役割分担の網の目の中で行動していて、その役目に応じてものの考え方や感じ方まで違ってくるわけです。

しかしこういう疑問において問題にされているのはもちろん、もう少しスケールの大きな話でしょう。つまり、国によって、地域によって、生活している気候風土によって、またあるいは技術水準によって、そして何より信じている宗教、更には歴史的な時代に応じて、人々のものの考え方や感じ方はぜんぜん違ってくるのではないか。

更にいえば、現代、あるいはいいところで近代（実はこの「近代」とは何か、が社会学にとっての最重要問題なのですが、それについてはおいおいお話ししていきます）以降の、法治国家だの民主主義だの、市場経済だの株式会社だの、鉄道だの電話だの新聞だの、学校だの市役所だの――が当たり前であるような社会における人間の感性や思考様式を、あたかも当たり前の「人間の本性」のように考えてよいのだろうか、ということですね。

経済学の言いぶん

こうした疑問に対して当の経済学の方ではどのように答えてきたのかについて、まずは簡単に説明しておきます。

第一には、「経済学は人間の社会全体について研究しようなどという大それた野心はもっておらず、とりあえずは市場での取引とか、その取引を通じて儲けることを目標とする企業の生産活動とか、それが人々の暮らしにどのような影響を与えるのか、といった具体的な問題について、限定的な関心をもっているだけです」という答えが、経済学の方からは返ってきそうです。

現実の世界では、人間は生きていく上で複数のいろいろな目標を同時に追求していて、その中には必ずしも「自分の利益のため」とは言い難いものも混ざっているし、またそれらの目的を、きちんと計算して効率的に実現していっているわけでもなく、ふらふら回り道したりつまらない間違いをしたりもするものです。しかし一応「経済」の世界に話を限定してみると、話はずっと単純になる。「経済」に限定すれば、経済活動において人々が追求する目標は、「金儲けしかない！」とまでは単純化しないけれども、やはり金儲けは重要な目標の一つになります。そしてこの「金儲け」という目標の重要なところは、分かりやすいところ（「儲けたお金の量」という単純な数字）で、客観的に測定することが容易だということです。単純な数字で表現できるということは、数学的なモデルとして表しやすい、ということでもあります。

そして第二に、「合理性」の問題についても経済学者たちは、それなりの答えを用意しています。「経済」の世界、ことに「市場経済」の中では、「競争」というメカニズムが強く働いています。一番簡単なケースとしては、同じ種類の商品を、同じ客に売り込んでいる会社がたくさんあったとしたら、それらの会社は互いに競争せざるをえません。同じ種類で、同じ品質のものであれば、客は少しでも安く売っている会社から買おうとするでしょう。そうするとどの会社も、可能な限り安く売ろうと努力するはずです。その努力がどこに向かうかといえば、短期的には赤字覚悟の出血大サービスもできなくはないでしょうが、そんなことを長く続けていればお金が儲からなくなって会社がつぶれてしまうので、会社がつぶれないぎりぎり限界まで安くするのがせいぜいでしょう。会社が手持ちの人手や設備をできる限り効率よく使って商品を生産するべく頑張る、つまりは利益を得るために「合理的」に行動するように仕向けられている、ということです。効率的に行動すれば楽ができる一方、非効率的に振る舞っていればいろいろ損をし、苦労する。となれば人々は、試行錯誤の中でだんだんに、効率的な行動の仕方を身につけていくだろう——経済学者たちはこんなふうに考えます。

ここでいう「合理的」な行動は、自覚的に考えて、計算した上での行動でなくてもよいのです。他の人がやっていることに付和雷同しただけでも、あるいは親や目上の人にいわれたとおりに、それこそ考えなしに「伝統」「慣習」に従っただけでも、それが経済的な利益につながるものでさえあれば、別にかまわないのです。「合理的」な行動方式を身につけるためには、必ずしも普通の意味で「合理的」である必要はない(もちろん、その方がいいとはいえるでしょうが)、ということです。

生物進化とのアナロジー

ところで、経済学者たちはこのような無自覚な合理性の考え方を、生物学の「進化」、それも現代進化論の正統派の考え方であるチャールズ・ダーウィンの「自然選択」というアイディアから引き継いでいます。生き物たちは皆それぞれ、自分たちが生きている環境に見事に適応した姿かたちや性質をそなえているわけですが、それは別に生き物たちが考えて自分を作り変えていったからではありません。もちろん神の手によってそう設計されたからでもない。だとしたらどうやって――と考え抜いた上でダーウィンは、「自然選択」のアイディアに到達しました。つまり生き物たちは、その繁殖プロセスの中で、集団的な試行錯誤を繰り返しているというわけです。

現代の生物学における有力な考え方においては、生物の個体、一匹一匹、一つひとつを一種のロボットとみなし、そのロボットを動かすプログラムとして遺伝子（DNAに配置された遺伝情報）がある、というふうにモデル化します（ここでも「モデル」ですから、必ずしも現実がまさにこのとおりだ、というわけではありません。そう考えると分かりやすいということです）。いろいろなプログラムに従って、いろいろな性能をもったロボットたちが同じ環境の中で競争し、うまく環境に適応できたものが生き残る。更にここでロボットたちには、自分の仲間（子孫）を作る能力が設定されています（生殖・繁殖のモデル化）。しかもその場合、ただ単に自分と同じ設計の仲間、自分の複製を作る（無性生殖のモデル化）だけでなく、他の仲間の設計情報、プログラムと自分のそれとを混ぜあわせて、新しいロボットを作る（有性生殖のモデル化）こともできる、というわけです。また子孫を作るためにではなく、自分を改造するために仲間のプログラムをもらうこともできる（人間はもちろん、ほとんどの多細胞生物はやりませんが、細菌にはこれができるらしいです）。更にそうした自己複製や新ロボット製作の過程では、プログラムのミスコピーも生じる（突然変異のモデル化）。こうやって、いろいろと多様なロボットたちが、プロセスの進行の中で自動的に生まれてくるわけです。

現代のダーウィニズムでは身体をもった具体的な生き物、生物個体のことを「遺伝子の「乗り物」

と呼ぶことがあります。つまりこのモデルでは、それぞれのロボットたちは、プログラムの「乗り物」であるわけですね。

ロボット・モデルの拡張

現代の経済学者たちはもちろん「生物学者たちのいう「進化」のメカニズムが経済、そして人間の社会においてもそのまま働いている」などとはいいません（一九世紀ごろに流行ったこういう考え方のことを「社会ダーウィニズム」と呼び、本来のダーウィニズムと厳しく区別します）。重要なのは「モデル」の論理的な骨格です。右の「繁殖するロボット」モデルを考えてみてください。いくつかの部品を入れ換えることによって、この「繁殖するロボット」モデルは生物進化のモデルから、経済のモデルへと早変わりするというわけです。では、何が何に置き換わるのか？

生物個体、すなわち活動の主体であるロボットに対応するのは、「経済活動の主体としての人間」でかまわないわけですが、場合によっては適宜「企業」や「家計」といった人間集団や、組織とみなしてもかまいません。経済活動の「主体」とみなせさえすればよいのです。では遺伝子・遺伝情報（プログラム）に対応するものは何か？　これは要するに「知識」「情報」です。経済的に有用な知識ですから、典型的には生産技術などが挙げられるでしょう。その他にも組織の経営ノウハウなどありとあらゆる種類の知識・情報が考えられます。個人の間、そして企業の間の競争の中で、効率的な生産方法や経営ノウハウをもったものが勝ち残る、というわけです。

経済活動の主体としての企業や個人は、ここでは有益な知識・情報の「乗り物」であるわけです。

では、人間の経済において、このような知識・情報はどのようにして広がり、後世に伝えられていくでしょうか？　生き物の世界ではそれは主に生殖・繁殖、つまりは遺伝を通じてですが、経済、人間の世界では違いますね。いうまでもなくそれは基本的に、模倣、学習、コミュニケーションを通じて広がるのです（あえてこの対応物を生物世界に探すとしたら、細菌・原生動物が行う、生殖なしでの遺伝子交換でしょうか）。

経済社会における有益な知識の普及は、何も企業同士が競争して、より優れた技術やノウハウをもった企業が勝ち残り、他は消えていくことによってのみ起こっているわけではありません。優秀なライバルに水をあけられた企業が、ライバルのやり方を研究して、それを真似ることによっても起こります。「普及」という言葉は、むしろこちらの場合を想定したものですね。

ところで、経済学が発達させた合理的主体モデルは、社会科学全般に対して、かなりの影響を及ぼしています。この合理的主体モデルを経済学的文脈から独立させて一般化し、社会現象を合理的主体同士の相互作用として分析する枠組みを「ゲーム理論」と呼びますが、これは今日では経済学のみならず経営学、政治学、更には心理学や生物学にも大きな影響を及ぼしています。もちろん、社会学に対してもです。

けれども、多くの社会学者たちは、この考え方に対して、どこか割り切れない思いを抱いています。「社会学界では、方法論的個人主義、合理的主体モデルを使って分析するのを禁止しなければならない」とまではいわないけれど、「部分的には有用ではあるが、この考え方では、社会学の全体の基礎づけはできない」という気持ちを、多くの社会学者は抱いています。抱いているけれど、そこから先、どうしたらいいのかがよく分からない。しかし、形にならない不満だけがあって、生産的な展望がまったくない、というわけでもありません。

次回は、この「合理的主体モデル」に対して、社会学者たちがどのような対抗馬をぶつけてきたかについてお話ししていきます。

第3講●方法論的全体主義というアプローチ

方法論的全体主義とは

経済学を支える「方法論的個人主義」の対語、つまり反対概念として「**方法論的社会主義**」とか「**方法論的全体主義**」という言葉があります。ここでの「社会主義」とか「全体主義」といった言葉づかいは「方法論的個人主義」での「個人主義」と同じです。

普通「社会主義」という言葉は、政治的な社会思想としての社会主義のことを指すときに使います。その意味での「社会主義」とは、簡単にいえば、個人の自由・自己決定よりも社会的な連帯・相互扶助を大事にする社会観ですが、ここでいう「方法論的社会主義」とはもちろんそういう意味ではなくて、社会科学において分析の基本単位を個人ではなく社会とする、という立場のことです。「全体主義」という言葉づかいも同様です。普通の意味での「全体主義」とは、二〇世紀後半以降、ほとんど全否定の対象となってしまったある種の政治体制――個人は全体社会、具体的には国家とか政党とか、人種・民族への奉仕者としてのみ意味があり、全体の利益のために個人の自由や生命はいくらでも犠牲にしてよいという考え方――のことですね。しかしこの意味での「全体主義」は英語では“totalitarianism”ですが、ここで「方法論的全体主義」というときの「全体主義」に対応する英語の表現は"holism"です。

そしてほとんどの社会学者はこうした「方法論的全体（社会）主義」にシンパシーを抱いています。社会というものを「方法論的個人主義」で理解し尽くすことはできない、と考えています。社会というものは、個人の単なる集まりには還元しきれない、独自のアイデンティティをもっている、と。

前回以来のゲーム遊びの例でいうと、方法論的個人主義はかなり単純で即興的な遊びに対してしか適用できない、というわけです。警官と泥棒とか、ウルトラマンと怪獣とか、あるいはおままごとでお母さん、子供、お父さん、お客さんといった簡単な役割分担を行った上で、なりゆきのままに延々と遊んでいく、といったことが子供にはできますが、こういう単純なやり方では、やはり社会全体をみていくには限界があるのではないか、という直観が働きますよね。むしろ現実の社会というものは、子供の即興のごっこ遊びよりは、本格的な演劇に近いものなのではないか？

社会的に共有されるもの――演劇モデルの考察から

もっと具体的にいうと、子供のごっこ遊びとは異なり、本格的な演劇には、実際の上演に先立って台本というものが存在しています。当然、その台本・脚本を書いた脚本家が、具体的に演じる俳優とは別に存在している。それだけでなく、台本をもとに演劇を組み立てていく指揮者としての演出家、という役割もありますね。この演出家が台本をもとに、演劇全体のより具体的なイメージを組み立てて、俳優たちに「こんなふうに演じてください」と指示していく。そうやって本格的な演劇は組み立てられていますね。

このたとえでいえば、方法論的個人主義は、どんな複雑な演劇でも個人の即興の積み重ねとして組み立てることが可能であり、そのように理解すべきだ、という立場になる。それに対して、方法論的全体主義・方法論的社会主義をとる人たちは、演劇というものを、単なる個人的な即興の積み重ねとして理解することは無理があり、台本のようにあらかじめ社会的に共有された前提が必要になる、と考えるわけですね。

そもそも子供たちの素朴な「ごっこ遊び」でさえ、果たしてどこまで即興的なものだといえるのか。たとえばヒーローごっこにおいて、「仮面ライダー」などのキャラクターは、多くの場合子供が勝手に思いついたものではないですね。一つひとつのごっこ遊びに先立ち、「仮面ライダー」というキャラクターのイメージが前もって存在していて、子供たちの間で共有されている。「泥棒」と「警官」という役割だって、そう。遊びに先行して、前もって存在している社会的なコンテクストです。即興的なごっこ遊びだって、実はこうした膨大な前提によって支えられている。ではそれらの前提は、どこからきたのか？

われわれ一人ひとりを見ても、個人は裸でまっさらなところに生まれてくるのではなくて、必ずどこかの国、どこかの町か村に、誰かの子供として生まれてきて、生まれた国、地域の言葉や文化や生活習慣などを仕込まれていくわけです。一人ひとりの個人をとってみれば、必ずその個人に対して社会的なコンテクストが先行しているわけです。演劇だけではない。音楽においてもそうです。楽譜にもとづいた演奏の場合はいうに及ばず、楽譜によらない即興演奏だって、われわれが「ドレミファ」のスケールだとか、「ドミソ」「シレソ」の和音だとかいった音楽的なシステムを共有しているからこそ可能になるのであって、そのシステムは前もって演奏家たちの間で共有されています。いや、西洋音楽が長年の間に洗練させてきた音階や和音、あるいはリズムのシステムは、楽譜が読めず楽器も演奏できない一般人を含めてほとんどすべての健聴者の身体に叩きこまれている。ですから即興の場合にも、無から音楽を作り出すということはありえません。

多くの社会学者が気にしているのは、つまりはこういうことです。こうした現象は方法論的個人主義では説明しきれない。それでは、そういう現象を成立させている固有の水準とは何なのでしょうか？　「演劇は単なる即興の積み重ねではない」というのであれば、演劇を単なる即興の「ごっこ遊び」から区別し、演劇たらしめている固有の水準とは何なのか？　いわばこの「固有の水準」というものが、社会学の固有の対象——というか、社会学者たちが自分たちの固有の対象としたいと考えているものなのです。社会学者の中にも方法論的個人主義の立場をとる人がいないわけではないけれど、圧倒的多数派はこの反・方法論的個人主義、つまり何らかの意味での方法論的全体主義／社会主義の立場をとります。

社会を複雑なネットワークで捉える

あるいは前回に引き続きもう一度、生物学とのアナロジーを使ってみましょう。普段われわれの目に入る生物は基本的にはほぼすべて、多細胞生物ですね。そして多細胞生物というのはもちろん、細胞の単なる寄り集まりではない。多細胞生物とは、基本的には同じ個体を形作るすべての細胞が、同じ遺伝子の組み合わせを共有しているという意味において、同じものたちの集まりです。けれども、同じ遺伝子をもっているたくさんの細胞たちが、それぞれに特殊化していきますね。同じDNAのセットをもっているにもかかわらず、ある細胞は骨になり、ある細胞は筋肉になり、ある細胞は神経に、そしてまたある細胞は血液の中の血球になり、というふうにそれぞれ機能分化する。同じDNAをもっているけれど、それぞれに違った役割を果たして、その結果、われわれが普通目にする複雑なシステムとしての生き物の「個体」を作り上げている。

社会学者は、社会というものも、互いに役割が異なるたくさんの細胞の相互依存のネットワークからなる生物個体と同じように、複雑なシステムであると考えます。そして社会学という学問は、社会の複雑なシステムに照準しなければだめで、この水準の固有性は、一人ひとりの個人から出発して積み上げただけでは十分理解できないのだ、と考えるのです。

もちろん、経済学者をはじめとする方法論的個人主義者だって、社会の複雑性という事実自体は認めるでしょう。しかし「そういう複雑なシステムも突き詰めれば、個人の行動の積み上げとして理解できる、あるいは、そう理解すべきである。神ではない、あまり賢くないわれわれ人間としては、複雑な対象を複雑なまま理解しようとするのではなく、あえて単純化して考えるのが科学というものである」と方法論的個人主義者はいいます。でも本当にそれでよいのか？　というのが、社会学者、というより方法論的全体（社会）主義者からの疑問であるわけです。

社会有機体説とは何か

ところがやっかいなことに、社会学者全体の間で緩やかな合意ができあがっているのはせいぜいここまでです。ここから更に、その「社会学の固有の対象」というものがより具体的にはどのようなものなのか、それをどのように理論化すればよいのか、といった段になると、収拾がつかなくなります。たとえば、人間関係のネットワークを表現するのに「グラフ理論」という数学を用いるなど、方法論的個人主義者たちと同じように数学的モデルを使う人たちもいる一方で、そんな数学的なモデルでは肝心なことは理解できないよ、という人もいます。そもそもこの「固有の対象」というのは、具体的に触れる実体をもったものではないのです。すごく抽象的で曖昧模糊《あいまいもこ》としている。

このような中、固有の対象の捉え方としておおざっぱにいって二つの方向性が出てきています。まず単純に考えるなら、先の生き物のアナロジーから真っ先に連想されるイメージがありますね。つまり個人を細胞のようなものとすると、社会とはそれが集まってできた生き物、「個体」のようなものだ、という考え方。これは歴史的には「**社会有機体説**」と呼ばれてきました。

「有機体」というのは、要するに生き物、より広くいえば自律した自動機械など、勝手に動き回る複雑なシステムのことです。社会をあたかも生き物、「個体」であるかのように捉え、まさに生き物たる「個体」を「モデル」に社会を理解し分析しようとする。

たとえば個人は細胞のようなもので、同じ言葉をしゃべり、文化を共有しているのは、ちょうどある個体を形作る細胞たちが同じＤＮＡを共有しているようなものだ、というわけです。同じＤＮＡを共有した細胞の集合体でありながら、それぞれに異なった姿かたちをとり、別々の役割を果たたす器官に分化していきつつ、互いに協力しあって一個の巨大なまとまりをなす生き物の個体のようなイメージで、人々は同じ言葉、同じ文化を共有しながらも、それぞれ別々の役割を分担して、「社会」という一つのまとまったシステムを形成する、という具合に考える。この考え方に従えば、社会学の研究対象は社会という大きなボディ、大きな実体である。方法論的個人主義者は、社会は個人という実体の集まりであるが、社会それ自体は実体ではない——「社会」というのは実体をもたない名前にすぎない——と考えるのに対して、社会有機体説では、社会それ自体を実体だと考えます。

それはさておき、社会有機体説の「個人のみならず、社会もまた実体だ」とか、場合によっては「社会の方が、個人に比べてより高次の実体である」といった考え方は、社会学の出現以前からある由緒正しき考え方です。古いところだと、それこそ西洋哲学の元祖たる、古代ギリシアのプラトンがそうです。プラトンの著作『国家』の国家観はまさに社会有機体説の典型です。

もっとくだって近代だと、皆さんも高校の「世界史」や「倫理」で習ったであろう「社会契約論」で有名な、一七世紀イギリスのトマス・ホッブズは「国家とは巨大な人造人間だ」といっています。ただしホッブズの場合、その「巨大な人造人間」はあくまでも、個人たちの間の契約・取り決めによって作り上げられたものなので、社会有機体説というよりは個人主義ではないか、という感じがしますね。むしろ近代における社会有機体説の代表者としては、一九世紀はじめのドイツの哲学者、ゲオルグ・ヴィルヘルム・フリードリヒ・ヘーゲルがよく挙げられます。たしかにヘーゲルは、時に「国家」とか「国民」があたかも一つのまとまった実体であるかのように話していることがある。

社会有機体説の危険性

このような社会有機体説の考え方に対しては、「事実認識としてどうなのか?」「科学理論として問題はないのか?」を云々する前に、「それは政治的に危険で、道徳的に危ない」という結論に、二〇世紀半ばにすでに人類社会は達してしまったのです。社会有機体説を真《ま》に受けて、それにもとづいて大まじめに社会を運営してしまうと、とんでもない危険な結果を招くよ、と。それはすなわち「二〇世紀の最大の教訓」ともいうべきいわゆる「全体主義」「ファシズム」の経験ですね。二〇世紀後半以降、「ファシズム」という言葉は、ほぼ全面的に否定の対象、罵《のの》り言葉に近いものとなりましたが、二〇世紀前半ではそんなことはなかったのです。実際、ファシズムが勃興《ぼっこう》したということ自体、ファシズムに対して希望を抱いた人がいっぱいいたからこそ可能になったわけですからね。社会有機体的発想もまた、その中で脚光を浴びました。そして多くの人々はファシズムに懲《こ》りると同時に、社会有機体説にも懲りてしまったわけです。

もう一つこれと関係して「社会主義」の問題があります。「社会主義」という言葉は難しくて、定義の仕方によってその具体的な中身はいろいろと変わってきてしまうのですが、もちろん社会主義と全体主義はイコールとはならないにしても、重なる部分はある。ナチスの党名は「国家社会主義ドイツ労働者党」だったわけですし、スターリン期のソヴィエトも全体主義の例としてよく挙げられました。

「全体主義」とは何かという話をこの講義できちんとする余裕はないのですが、アウシュヴィッツを頂点とする効率的な虐殺体制を作り上げたナチスをはじめとして、大量粛清で知られるスターリン体制など、いずれにせよ「個人は社会という全体の部分でしかない」と割り切った政治体制がいかに危険な代物であるかという歴史的な経験を、二〇世紀の人類はしてしまいました。この重みはとてつもない。

もちろん、こういう政治的な全体主義と、あくまでも科学的な、方法論としての全体主義とは別だ――実際英語ではtotalitarianismとholismという具合に違う語ですし――、といおうと思えばいえます。だから方法論的全体主義も、科学的に否定されるより以前に道徳的に否定される、というのはある意味で不幸といえば不幸で、そもそも不当だともいえます。ではこういう政治的な意味ではない、あくまでも科学的な方法論としての「全体主義」に立つ瀬はあるのかについて考えてみましょう。

どの単位を全体とみなすのか

実は(方法論的)全体主義には、社会科学の方法論としても「これは少しまずいな」というところがあります。どういうことかといいますと、「いったい、「全体」とはどのレベルなのか?」という問題です。たとえば、ヘーゲルの場合だと「家族」でも「全人類」でもなく「国家」とか「民族」というレベルが特権的な位置づけをされて、社会を考える際の焦点となるけれど、「どうして「国家」が分析の焦点でなければならないのか?」という問題が出てくる。

考えてみれば、社会学を含めた社会科学が対象としている、俗に「社会」とか「社会的ななんとか」と呼ばれている、複雑なシステマティックな人間関係とか、制度とか、集団とかいったものには、小さいものから大規模なものまで、それこそいろいろなものがあります。更にややこしいことには、一人の人間は普通、いくつものそうした社会的なシステムに、同時に属しているわけです。皆さんはそれぞれ、家族の一員であり、どこかの自治体に住み、そこの市民であろうし、更に皆さんのほとんどは日本国籍をもつ日本国の構成員である。そうでない人であっても、どこかの国家の構成員として国籍をもっているでしょう。また、学生ならばその学校のメンバーであり、会社に就職していればやはりその会社という組織の一員である。そしてそれらの社会的なシステムのどれもが、それぞれに方法論的全体主義でいうところの「全体」でありえます。逆にいうなら、その中でこれこそ「全体」と呼ぶべき、特権的な「社会」は見当たりません。あえていうならば全人類社会なら、それこそ「全体社会」となるでしょうが、それは果たして社会について考える際、どれほど生産的なアプローチだといえるのでしょうか?

もちろん、ここで以下のように割り切るやり方もあります。すなわち、何をもって「全体」としての社会とみなすかは、その時その時の問題関心に応じて、研究者が適宜選択すればよい、と。家族について研究したければ、一緒の家に住んでいたり血縁関係があったりして互いを「家族」とみなしている人たちのことを、当面の研究の範囲で「家族」というまとまりと定義すればよい。その研究に区切りがつけばそれで終わり。同じように、会社について研究するときも、国家について研究するときも、その時その時でとりあえず関心の対象となる相手を「全体」とみなす。そして複数の研究における、そうしたさまざまな「全体」の間の関係については考えない。「どれが真の「全体」か?」などという問いかけに答えはありえず、そもそもそういう問いの立て方自体が間違っている、と。

これはこれで健全なアプローチという感じがしますが、やはり社会という複雑な対象を相手にする以上、「家族」とか「国家」とか「人類全体」といった、多種多様な「全体」をそれぞれ個別に研究するだけでなく、それら複数の「全体」同士の関係についても考えてみたい、というのは人情ですよね。

ゲームのルールに着目する

そこでもう一つの考え方の方に、目を転じてみたいと思います。

結論から先に申し上げますと、これは野球において、野球チームという人の集まりではなく、野球というゲームのルールや戦術を、研究の「固有の対象」とみなす立場です。しかしそれにしても、これまでゲームのルールとかシナリオとか設定とか、演劇における脚本とか、音楽だとコードとかスケールとか、そういったいろいろなものを例に挙げてきたけれど、それらをひっくるめて一つの同じ仲間だとするならば、それはどういう仲間なのか？　どのような性質をそれらは共有しているのか？

この考え方をもっと広げると、とりあえずは「言語」、言葉というものに行き着きます。言葉、言語というものは何なのか、突き詰めようとするとこれ自体が大問題ですが、ちょっと考えてみてください。これまで挙げたゲーム、お芝居、音楽等々は、極端にいってしまえば「言葉」を用いて行われます。あるいは無言劇とか器楽とか、それをやっている最中は言葉を発しないとしても、そのシナリオやルールは言葉で表現されているものです。更にもう少し考えてみましょう。これらは皆、ある一定の意味をもった要素を、ある一定のルールにのっとって、共同で組みあわせていく作業ですよね。ここで、言葉を使うとはどういうことでしょうか？　まさに、一定の意味をもった要素――単語、音、文字――を、一定のルール――文法――にのっとって、共同で組みあわせていく作業です。ここで「意味」とか「ルール」が関係者たちの間で共有されている、ということが重要です。

これは何も社会現象を言語に、社会学を言語学に還元しようという話ではありません。そうではなく、言語を含めたそれらに共通するある特徴、つまり関係する人々の間で、一定の意味やルールが共有されていて初めて成り立つ相互行為として、「社会学の固有の対象」を理解しよう、ということです。あるいはこうした共同行為を可能とする「意味」とか「ルール」といったもの、これが「社会学の固有の対象」というわけです。

ところでこんなふうに考えると、ここでまたしても、生物学とのアナロジーが成り立ちます。先に経済学の合理的経済人モデルについて説明したときに、現代的なダーウィン進化論解釈においては、生き物個体を一種のロボット、そして遺伝子をロボットを動かすプログラムを記録した情報媒体として解釈できる、と述べました。更に経済社会において、競争の過程を通じて自然選択されるのは、個々の経済主体としての企業や個人以上に、それらの経済主体たちが活用する知識や情報である、ということも。さて、それをここでの文脈に置き直してみましょう。これらのアイディアは、方法論的全体主義の発想に立つはずの、意味理論的社会学の中にはまり込むことが分かるでしょう。

つまり、「文化の進化論」とでもいうべきモデルがここに成立します。

「形式主義」の可能性

では、この発想は先に見た、「全体」を何らかの「実体」とみなす社会有機体説のようなアプローチ——それと対比するならば、こちらは社会学的な「全体」を「形式」とみなすアプローチといえますが——と対比したときに、より優れている、より健全である、といえるでしょうか?

まず、この意味理論的アプローチにおいては、個人を超える社会的な集団を、個人よりも基本的な単位とみなす必要がありません。知識、意味、情報の担い手として見たとき、個人も大規模な集団も変わりはありません。もちろん、個人より集団の方がより多くの知識や情報を保持して活用することができる、といった違いはあるでしょうが、それはせいぜい量的なものであって、質的な違いではない。集団と個人の間に質的な断層を想定する必要がなくなります。そのように考えるならば、政治的、道徳的観点から、こちらのアプローチの方がより安全——政治的全体主義からの距離は遠い——とはいえましょう。

では客観的、実証的な科学理論として考えたときにはどうなのか? こちらは少々やっかいです。先ほどは「実体主義」とでも呼ぶべきアプローチの欠点として「どの単位を「全体」とみなせばよいのかが分からない(あるいは研究者の勝手になってしまう)」という問題を挙げました。それに対してこちらの(「実体主義」との対比でいえば)**「形式主義」**のアプローチならば、個人であれ家族であれ企業であれ国家であれ、「知識」「情報」の担い手として質的には変わるところのない単位とみなされますから、どれも特別に特権的な存在ではないことが、理論内在的にきちんと根拠づけられます。そう考えると、科学的にもこちらの方が少しばかり安全であるように見えます。

ただしこの「形式主義」アプローチにももちろん、問題はあります。先ほどは生物学とのアナロジーを、あまりにもあっさりと展開しました。しかしながらわれわれの知る生命現象の世界では、「情報」の担い手としてのいわゆる「遺伝」のメカニズム、そしてそれを具体的につかさどる物質としてのDNAというものが、非常にはっきりと特権的な存在感をもっています。それに比べると個体レベルでの学習であるとか、さらにコミュニケーションなどは周辺的です。一方、社会学が問題とする「意味」のレベルでは、もちろん「知識」「情報」はコミュニケーションを通じて流通していくわけですが、この「コミュニケーション」がくせ者です。とりあえず人間は「言語」というメカニズムをコミュニケーションの中心的な手段として用いているわけですが、「遺伝」のメカニズムと「言語」のメカニズムは、もちろん似たところもあるのですが、具体的には相当に異質です。少なくともわれわれは、「遺伝」のメカニズムにとってのDNAに対応するような、はっきりと分かりやすい具体的な対象を、「言語」のメカニズムにおいては見出していません——そもそもそんなものが存在するかどうか自体、分かりません。

このようにいろいろと難点はあるのですが、この講義ではとりあえず、この「意味」論的観点、「形式主義」に肩入れしつつ、社会学理論の可能性について考えていきたいと思います。次回は、この「形式」という発想についてもう少し説明していきます。

第4講●社会学は何を対象にするか――「形式」への着目

形式と内容

　前回は、社会学の中でもまったく共通了解がないのか、といえば必ずしもそうでもない。あえていえば、人々の間で共有されていて、コミュニケーションの基盤となっているもの、つまりは法律や道徳、礼儀作法のような「ルール」があり、そしてそうした「ルール」、言葉の「意味」や「文法」、総じて「知識」「情報」とでも呼ぶべきものが方法論的個人主義に対立し、固有の意味での「社会的なるもの」の水準に照準しようとする社会学の関心の中心なのではないか――こんなふうにまとめました。

　しかしここまで「ルール」とか「意味」、あるいは「知識」とか「情報」と呼んできたものはいったい何なのでしょうか?　前回の終わりの方で、「意味」とか「情報」に関連した言葉としてやや唐突に、「**形式**」という言葉をすべり込ませていたことに、皆さんお気づきでしたでしょうか?この「形式」という言葉でぼくはいったい何を皆さんに伝えようとしているのか。まずはその話をしていきます。

　実は前回にもすでにこの対比をもち出していたのですが、そもそも「形式」に対応する言葉にもいくつかありますよね。思いつくのは「内容」とか「実質」とか「中身」といったものです。これらはいったい何なのか？

英語やヨーロッパの言語の多くには、「物質名詞」というのがあるのはご存知かと思います。たとえば“water”というのがその典型ですが、要するに数えられないもの、べたっとしたもののことですね。液体とか、気体とか、固体でもべたーっとくっついているもの、あるいは一個一個バラバラのものでも、それがたくさん集まった全体のまとまりに使われます。たとえば粉。もちろん粉とか砂粒とか、一個一個数えようとすれば数えられるけれど、普通われわれはそんなふうに扱いませんね。

日本語の話し手は、普通はケーキを数えられるものと考えます。でも英語だとa piece of cakeといういい方になりますよね。cakeそれ自体は英語のイメージだと数えられないものになっているんです。切って、pieceにして初めて数えられる。

こうした物質名詞で名指《なざ》されるものとは反対に、べたっとしておらず、一個一個切り離されていて、別々に数えられるものを哲学方面では「個体individual」と呼びます。「固体」ではないですよ。では数えられ、個体を形成するものと、そうではないものの違いは何だろう。英語風に表現すると、a piece of cakeを単なるcakeとは別に、個体ならしめるものは何なのだろうか。とりあえずケーキなどの例ですぐに思いつくのは、外の世界と切り離される境界線や境界面をもっている、ということですね。「そんなことをいったら水の場合にも、水面という境界線がある」と思われるかもしれませんが、ここでいいたいのは、少なくとも理屈の上では（哲学的な発想ですみませんが）、全世界が水で、あるいは空気で、あるいはcakeで埋め尽くされることは可能だ、ということです。水とかcakeの本質には「空間的に限られた場所に位置している」という性質が入っていません。一方、常識的な意味での「個体」にはこういう「局所性」とでもいう性質があります。

「個体」の典型としてわれわれが思い浮かべるものの一つは生き物の「個体」でしょう。それにはまさに、空間的に限られた場所を占めている「身体」があって、その「身体」を単位に数えますよね。そして「身体」には、たとえば多くの動物であれば「皮膚」のように、そして生き物の構成単位である細胞にまで下りていっても「細胞膜」といった、自分と外の世界とを区切る「境界」があります。この境界があることによって生物個体は身体の「形」を保っているわけですね。

つまり乱暴にいうと、物質名詞で名指されるようなものには「形」がなく、個体であるようなものには「形」があるわけです。だからといって、形のないものと形のあるものとがまったく別個のもの、というわけではない。形あるものは形のないものを素材として、そこにまさに「形（かたち）」が与えられることによってできあがる、という感じですね。この、形を与えられる素材に対してわれわれは「内容」とか「実質」といった言葉を当て、「形」の方を「形式」と呼ぶ。

知識・情報が人間を形作る

第2講でお話ししたようなロボット・モデルが基本的に正しいと考えるならば、ぼくたちが知っている生き物というものは、それを構成する細胞一個一個の中にDNAをもっていて、それに刻み込まれた指令・遺伝情報に従って身体を形作っている。もちろんそれだけではなく、そこには振る

図4–1　「素材」と「形式」のイメージ。生き物の場合（上）と人間の場合（下）。

舞い方・能力・性質がプログラムされている。これもまたある意味「形」ですね。スタティックな身体の形というだけでなく、ダイナミックな行動の方法までも含めての「形」。

およそ生き物は、それを構成する物質の面から見ると、ただのタンパク質とか水の塊といえば塊だけれども、もちろん単なるタンパク質と水ではない。タンパク質や水はあくまで、生き物を構成する素材・材料である。そうした素材に形が与えられなければ、生き物とはならない。生き物の形や生き物の性質を決めるにあたって重要なのは、遺伝子という物質にある情報ですよね。ある一連の情報によって形作られたまとまりとして、生き物個体というものはある。それらの「知識」「情報」を「形式」として理解することができることは、もうお分かりでしょう。

では社会学の場合はどういうことになるのかというと、非常に乱暴にいえば、人間というふうに「素材」に対して、社会的に共有される「知識」「情報」という「形式」が秩序を与える、というふうに考えていただければよいでしょう（図4-1）。「え、人間は一人ひとりれっきとした個体ではないの？だからこそ、方法論的個人主義という立場があったのでは？」と思われるでしょうが、逆に見るとそこには、社会学における「生き物としてのヒトはまだ社会的な存在としての個人そのものではない」という発想を読み取ることができます。社会的に共有された「意味」のネットワーク、知識のシステムを取り込み、それに慣れることによって生物学的な意味でのヒトが社会学的な意味での「人間」となる、というわけです。生物学的なヒトの性質だって、進化論的に考えれば、生まれる前から先天的に遺伝子に刻み込まれた一連の情報、つまりは「形式」であるわけですが、社会的な存在としての人間の性質は、主として後天的に、学習とコミュニケーションによって刻み込まれる「形式」である、というわけですね。

さてこれらの社会的な形式、人々が共有している知識とか振る舞い方、言語とか技術とか生活習慣といったもののすべてをひっくるめて、広い意味での「文化」と呼ぶことができます。そうすると、社会学の固有の対象とは「文化」であるといえなくもない。ではそこでいうところの「文化」とは何かと考えてみると、文化人類学のいうところの「文化」、つまり学習とコミュニケーションを通して獲得される知識やスキルとほぼ一致してしまうんです。

「社会学と（文化）人類学は親戚のようなもので、ただその対象が違うだけだ」と一昔前はいわれていた。つまり、人類学は伝統的社会、「未開」社会を扱っているけれども、社会学は文明社会とか近代社会を扱いますよ、と。もっと乱暴な言い方をすれば、社会学というのは欧米人が自分たちの社会について研究するのに対して、人類学は欧米人が非欧米社会、「第三世界」、ありていにいえば旧植民地社会について研究するのだ、という感じでしょうか？

こういう事情はもちろん、その後変わってきています。それは社会学においても、現代社会だけではなく、歴史研究とか未開社会研究というものが重要になってきた、という事情もあります。あるいはまた「そもそも「未開」とはいったい何か？」とか「非欧米社会のことを「未開」といっていいのか？　失礼ではないか？」といった反省もあります。それから人類学者の方でも、近代テクノロジーや機械文明から切り離された、いわゆる「伝統的」社会以外の対象を扱うようになったという事情も重要です。そもそも今や「第三世界」において「未開」社会はあまり残っていない。欧米から見てどんな辺境に行っても、何かしら近代的なテクノロジーや、グローバル経済の影響が入っている。そういう中で人類学はやっかいな学問になってきている。大都会や工場、オフィスや街頭も、今や人類学者のフィールドです。しかもそれは「第三世界」、途上国だけのことではない。先進国の社会も人類学のフィールドになってしまっている。先進国のコミュニティーに対して社会学の方法論ではなく、むしろ「未開」社会相手に蓄積されてきた人類学の方法で挑んだ業績も蓄積されてきている。こうして社会学と人類学の境界はどんどん曖昧になっていくわけですが、ここでは措《お》いておきます。

文化のダイナミズム――コンピューター・モデルの考察から

　このような「文化」のダイナミズムについて、コンピューターをモデルにして考えてみましょう。コミュニケーションを通じての「文化」の広がりや多様性は、コンピューターの「ソフトウェア」とのアナロジーで考えると、意外に分かりやすいのです。

　現代的なコンピューターのアイディアは、二〇世紀初頭の数学の中でだんだん準備されてきて、具体的な技術・機械としては二〇世紀半ばに出現してきます。ところで、コンピューターと、コンピューター以前の機械との違いはどこにあるのでしょうか?　コンピューターという言葉は、文字どおりには「計算する機械」という感じです。しかし計算するための機械自体は昔からありました。そろばんとか計算尺とか、「機械」と呼び難いものは別にしても、手回し計算機ができたのは何百年も前ですし、二〇世紀前半には電動計算機が結構普及しました。では狭い意味での「コンピューター」は、それらと比べてどこがどう新しいのか?

　一つの大きな特徴は、それが万能機械であるということです。では「万能」とはどういうことでしょうか?　たしかにパソコンで人の頭は殴れるかもしれないし、その延長線上で釘も打てるかもしれないけれど、木を切ったりはできませんよね。「万能」という言葉でそういうことをいいたいのではなくて、「情報処理」、先ほどの言葉でいえば「形式」を操作するに際しての万能性を指しているのです。

　現代的なコンピューターのもっとも重要な特徴は、ハードウェアとソフトウェアが分離しているところにあります。「ソフトウェア」とは何か?　それは要するにプログラムのことですよね。それに対して「ハードウェア」というのは物理的な機械の方です。コンピューターが「万能機械」だというのは、ハードウェアとソフトウェアが分離していて、ハードウェアがソフトウェア次第で基本的に何でもできるということです。「何でもできる」といってももちろん、釘を打ったり木を切ったりではなくて、「計算」ができる。

この「計算」ができるとはどういうことかを厳密にいうのは大変だけれど、ここでは先ほどの「形式」の操作だと考えてくれればいいです。一番分かりやすいのはもちろん、普通の数の計算ですね。「これはどういうものか」ときちんと定義づけられた「数」という対象を、やはりきちんと定められた手順に従って操作して、結果を出す。そうして得られた結果もまた数であり、更なる操作の対象となる――という感じでしょうか。このように考えると、言語表現もまた「計算」と考えられないことはない。限定された要素（音声、文字）を組み合わせて言葉を作り、更にいくつもの言葉を組みあわせて具体的な表現（発話、文章）を作っていくわけですから。

コンピューターのどこが「万能」なのかをもう少し詳しく説明すると、この手の「計算」＝「形式」の操作だったらおよそどんなことでもできる。正確にいうと、有限回の手順で実行できる作業だったら、どんな作業でもできるということです。

ハードウェアとソフトウェアの分離

実際われわれがどういうふうにコンピューターを使っているかといえば、典型的なパソコンでは、具体的な仕事をさせるために専用のアプリケーションを使うわけですね。文章を書くためにワープロソフト、事務的な計算のためには表計算ソフト、お絵かき用にもソフトがあるし、娯楽としていろいろなゲームがあるし、後は音楽を聴いたり映画を見たりするためのマルチメディアソフトもある。コンピューター本体自体は、さまざまなソフトウェアをその上で動かすことができ、ソフトウェア次第で多様な仕事をしてくれる。先に「ハードウェアとソフトウェアの分離」と呼んだのは、こういう事情です。

それに対して伝統的な機械はどういうものか?

皆さんのご家庭にある炊飯器は、もちろんマイコン制御だと思いますが、昔はそんなものはなかったし、今でも独身者用などの激安商品にならシンプルにただ電熱線があって、ゼンマイ式のタイマーがついているだけ、という炊飯器があります。さすがに自動車だと、もう新車でコンピューターがどこにもない、というのは厳しいと思いますが、中古車やクラシックのヴィンテージ・カーなどまでいけば当然、どこにもコンピューターがついていない自動車で、今でもちゃんと走るものがあります。

そういう単純で、古典的な機械のことを考えてみましょう。これらの機械においては、いってみればハードウェアとソフトウェアの分離がありません。炊飯器がなぜあんな形をしているのか。米と水を入れるために釜の部分があり、そしてその釜を熱するために下に電熱線が配置されています。電気釜があのような形をしているのは、まさにその本来の機能を果たすため、特定の仕事をするためです。自動車にしてもそうです。自動車があのような形、あのような構造をしているのは、人を乗せて移動するというその機能のためです。このような構造と機能、形と働きの一体性・不可分性は、機械だけでなく道具においてもしばしば見て取れます。金づちでもはさみでも、長い間使われて洗練され、定着した道具には、このような形と働きの一体性がはっきりと表れている。

コンピューターを使っているものでも、たとえば専用のDVDプレイヤーや、昔ながらの電卓などについて考えてみれば何となくお分かりかと思います。もちろん今どきは家電製品でも自動車でも、ちょっと気の利いたものにはコンピューターがついていて、そこには当然ソフトも組み込まれていますが、われわれ消費者は普通、これらの機械に使われているソフトをいじったり書き換えたりはしません。つまりわれわれは、そこに組み込まれているソフトを、製品の一体化された部品としてのみ扱っており、切り離し可能なものとしては扱っていない。

ところがコンピューターは違う——とはいってもわれわれが普通に「コンピューター」と呼んでいるもの、すなわち機械に組み込まれた制御装置ではなく、日ごろ使っているパソコンのことを考えてみましょう。たいがいのパソコンには、命令を打ち込むためのキーボードと、その命令によってなされた仕事の結果を表示するためのディスプレイとが最低限そろっているはずです。そしてもちろん、命令された仕事＝計算を行う本体部分も。こういうパソコンの形状や構造はその機能にある程度対応している。

しかしながらパソコンの機能、コンピューターがする仕事は、炊飯器や自動車に比べると非常に漠として一般的です。要するに「計算」一般であって、どんな計算でもよい。算数の計算でもよいし、こんなふうに文章をつづるのでもよいし、ゲームでもよい。それらのより具体的な仕事のためには、ワープロ・ソフトとか、表計算ソフトとか、ゲーム・ソフトとか、特定の仕事に合わせたア

図4-2

プリケーション・ソフトを使いますよね。このようにコンピューターにおいては、その形と働きの間にかなり大きなずれがあります。われわれがコンピューターを道具として使うとき、その道具としての働き、機能として意識する部分は、主としてソフトウェアに拠っているのです（図4-2）。

　これまで「コンピューターは万能機械である」「その特徴はハードウェアとソフトウェアとの分離にある」と述べてきたことの意味が、これでだいたいお分かりでしょうか。いうまでもなく第2講で紹介した生物学におけるロボット・モデルは、以上のようなコンピューターにおける「ハードウェアとソフトウェアの分離」に着想を得たものです。第2講では「プログラム」という言葉を使いましたが、それは要するに「ソフトウェア」のことです（もちろん現在われわれは、かのロボット・モデルに描かれているようなロボットを現実には作れていないので、これは単なる思考実験にすぎないわけですが）。

　さて、前回は生物進化のモデルと「意味」の社会理論との間でアナロジーが成立する、としました。そして今回は遺伝子とその「乗り物」としての生物個体というモデルと、コンピューターにおけるソフトウェアとハードウェアの分離の図式との間に、アナロジーを見出したわけです。ということは当然、このコンピューターのモデルと、「意味」の社会理論との間にも、アナロジーが成り立つことが期待できます。

人間という万能機械

自然科学、とくに物理学は、新しい技術や新しい機械の出現によって、自然のメカニズムについての新しいモデル、新しい実験装置を期せずして得ることができ、それによって発展してきました。その逆に、物理学の研究成果によって新しい技術が生まれることもたくさんあるわけですが、歴史的に見れば科学の成立のはるか以前から、人々は試行錯誤していろいろな道具や機械を作ってきたわけですから、「技術が先で科学は後追い」の方が多いでしょう。

他方、そうした機械は自然科学においてだけでなく、人間と社会の理解に際してもモデルを提供してきました。だからコンピューター、更にそのコンピューターによって動かされるロボットなどが出現してくることによって、われわれは人間を理解するための新しいモデルを手に入れたわけです。少なくとも時計というものができて以降は、人間や宇宙全体を一種の機械として理解しようという試み――人間の場合には「人間機械論」です――は枚挙にいとまがありません。しかし二〇世紀後半になって出現したその新しいバージョン、すなわちコンピューターをモデルとした人間機械論というものは、社会学を勉強しているとなかなかに趣深い。要するに社会学もまた、コンピューター・サイエンスと時代精神を共有しているわけです。

コンピューター、ロボットと人間、社会とのアナロジーの可能性を、もう少しまじめに追求してみましょう。ハードウェアとソフトウェアが分離しているコンピューターをモデルとする、ということは、そのような考え方においては、人間もまた一種の万能機械として理解されている、ということになります――つまりは、特定の機能に特化した専用機械ではなく、学習して得た知識をもとにいろいろなことができる万能機械として。

人間が万能機械であるといっても、何でもできるというわけではありません。もちろん人間には、自力で空を飛んだり、時速一〇〇キロで走ったりということはできません。それでも人間は、いろいろなことができる、結構自由度の高い身体をもっている。手足はものを運んだり加工することができるし、そして何より、それらを制御する脳の汎用《はんよう》性が高い。少なくともコンピューターと同程度の万能機械である、と多くの人は考えています。ではその汎用コンピューターにのっかっているソフトウェアとは何なのか、ということになります。

これについては、もちろん遺伝を通じて前もって神経配線として組み込まれているメカニズムも相当に充実しているわけですが、学習とコミュニケーションを通じて獲得されるソフトウェアとしての「文化」が、まさに人間を人間たらしめている。このようなモデルがコンピューター出現以降、結構幅を利かせています。こういう発想の原型は、もとをたどろうと思えばそれこそ一七世紀のイギリスの哲学者ジョン・ロックなどにもさかのぼれますが、それが新たな装いのもと、バージョンアップされたというわけです。ただし社会学においては、関心の焦点は万能機械たる人間の方にではなく、そこにインストールされるソフトウェアたる文化と、その流通の仕組みとしての社会の方にあることはいうまでもありません。

ソフトウェアとしての文化

前回から「意味」「知識」「情報」、あるいは「形」「形式」といった言葉で語ろうとしてきたもののイメージが、少しははっきりしてきたでしょうか？　繰り返しになりますが、コンピューターとは、ソフトウェアとハードウェアが分離している特別な機械です。それはどういうことかといえば、その働き、用途、機能と、その物理的な実体との間に、ある程度のずれがある、ということです。コンピューターの本格的な出現まで、われわれが知っている道具や機械のほとんどは、特定の用途のために、特定の性能をもっているものでした。つまりそこにはソフトウェアとハードウェアの区別・分離がなかった。というより、コンピューターが出現するまでは、そもそも「ソフトウェアとハードウェアとの区別」という発想自体がなかった。

「まったくなかった」といってしまえば不正確かもしれません。文字言語が生まれたことによって出現した、文書・書物という特別な道具について考えてみましょう。文書・書物はもちろん、文字によって情報を記録し保存し他人に伝達するという、特別な機能に特化した道具です。ですが記録される情報は、それこそ何でもよい。ですからこうした文書・書物を、「他人に情報を伝えて何かをさせる／他人からの情報を利用して何かをするための道具」と理解するならば、そこには「ソフトウェアとハードウェアの区別」があるといえそうな気もしてきます。これはメディア論風の言葉づかいをすると「コンテンツとメディアの区別」ということになりましょうか。「コンテンツ

contents」とは文字どおり「内容」、文書なら書かれている文章ですし、CDやDVDの場合なら記録されている音声や映像のことです。メディアはそれを記録しているもの、紙、書物、フィルム、テープ、フロッピー、CD、DVD等々のことです。

しかしながら、コンピューター技術のたとえを使うならば、これらの情報はメディア（記録媒体）に「インストール」されているわけではありません。ただ単に記録されているだけです。これらの情報が「インストール」されるハードウェアとは、あえていえば生身の人間に他ならないのです。だからそうした記録媒体と人間との関係では、どうしてもハードウェアとしての人間が主、媒体（に記録されたソフトウェア）が従、というイメージの方がリアリティを帯びる。それが、コンピューター並びにそれを組み込んだロボットの出現によってこそ、ソフトウェアの方が主、ハードウェアの方が従、というイメージがリアルなものとして想像しやすくなってきたのです。またそのことによって、知識・情報、ひいては「形式」というものが、たとえ紙などのスタティックな記録媒体の上に凍結されていたとしても、本来はダイナミックなものであること――知識・情報は行為の指針として使われて初めて意味をもつということ――もまた、思い出しやすくなりました。そして社会とは、そのような情報の流通の場、そこを通じて人々が知識・情報を共有して相互作用する場として理解されることになります。

このように、社会的に共有される形式・意味を関心の焦点とする学問として社会学を理解するならば、その学問としての自立・出発点はおおむね、一九世紀末から二〇世紀初頭といっていいと思います。人の名前を挙げれば、これまでにも名前を挙げたデュルケムとかウェーバーあたりが、

「原点」に位置する巨匠ということになりましょう。実際この時代に、こうした人々の努力によって社会学の講座が大学にでき、社会学の教科書が書かれていくわけです。しかし、それはただ単にこうした巨匠たちの学者としての偉大さとか、あるいは生臭い政治力の証拠であるというだけではなく、彼らを取り巻く社会的なコンテクストの方でも、社会学への準備ができていたということを意味します。社会学以外の学問領域に目を向けてみても、たとえば先ほどから問題としてきたようなコンピューター・サイエンスの前提となるような数学的な研究が成熟してくるのも、だいたいにおいてこの時代であるわけですね。しかし、この社会学誕生の話ができるのはもう少し後になります。次回のテーマは、その更に前提です。具体的には一七世紀へさかのぼっていきます。

II

社会学はいかに成立したのか

――近代の自己意識の再検討

第5講●社会学前史（1）——近代社会科学の誕生

近代社会科学の出発点

「社会学」の原点ではなくて、社会学も含めた、「近代」的な意味での「社会科学」の原点は、一七世紀あたりに求められることが多い。具体的な人名でいえば、トマス・ホッブズや、前回名前を挙げたジョン・ロックなど、いわゆる「**社会契約論**」から近代的な意味での社会科学が始まる、とされます。一方、固有の意味での「社会学」の出発はそこからもっと後の時代です。つまり「近代的な社会科学の出発」イコール「社会学の出発」というわけではない。だからといって社会学を学ぶ際は、この時代を、そして「社会学以前の社会科学」を無視してもよいというわけではない。後に詳しく論じますが、実は社会学の主題は「近代」なのであり、この時代はいまだ「社会学」をもたないとはいえ、「近代」であるには違いないからです。

では「近代」的な社会科学とは何なのか、何をもってその出発とみなされているのかについてご説明いたしましょう。普通皆さんがホッブズやロックの名前を、高校の世界史・公民、あるいは大学の政治学・思想史の授業で教わるときには、彼らの名は「社会契約論」という言葉と結びつけられていたと思います。しかし「社会契約」という言葉そのものは、ホッブズやロックによっては用いられていない、というのもおもしろいところです。誰が最初か？　厳密にはともかく、有名人としてはジャン＝ジャック・ルソーです。更に一〇〇年ほど後の人です。

そういう言葉づかいの問題自体は、マイナーなことかもしれません。人々の間の合意・約束によって国家とか法とか社会秩序の形成を説明しようという議論を「社会契約論」と呼ぶのであれば、ホッブズとロックはまさに「社会契約論」を展開しているといえます。ただし「社会契約論」という言葉をそのように広い意味で解釈してしまっても、それはそれで別の困った問題が起きます。この意味での「社会契約論」は結構昔からあるからです。国家とか教会を契約の産物として考えたり、王の権力の根拠を人民の合意に置くといったアイディアの起源は古代にまでさかのぼれるもので、それ自体は決して新しくないのです。ではホッブズやロックのどこが特別なのか、彼らの理論の何が新しいのか？

ホッブズやロックの議論で新しかったのは、「社会契約」というアイディアそれ自体ではもちろんありません。社会契約をしようとする人々が置かれている状況、出発点についての捉え方が新しかったのです。すなわち「**自然状態**」という言葉によって想定されている状況、これがポイントです。もちろん、同じ「自然状態state of nature」という表現を用いていても、ホッブズとロックとでは、その意味は微妙に違う。たとえばホッブズにとって「自然状態」というのはあくまでもフィクションで、思考実験のためにのみ想定された架空の状況であるのに対して、ロックの場合には「自然状態」という言葉は、現実にこの世界において成立しているある種の状況を指しています。とはいえ彼らや彼らの同時代人たるスピノザ、ライプニッツ、グロティウス、そして後世のルソーなども含めて、そこにはある種共通した発想がある。

ヨーロッパの一七世紀という分水嶺

まず、いったん「社会契約論」から離れてみましょう。そもそもヨーロッパの一七世紀とは、精神史的に見てどのような時代だったのか？　それはガリレオが活躍した、いわゆる科学革命の時代です。哲学的に考えても、それはデカルトの時代であり、デカルトはいうまでもなく近代哲学の出発点と呼ばれ、また数学・物理学への貢献によって、科学革命の当事者でもあります。ライプニッツもまた、哲学者であると同時に、ニュートンとほぼ同時期に独立に微積分を開発した、当代一流の数学者・科学者でもあったわけです。つまり一七世紀というのは近代科学・近代哲学の出発点でもあります。ホッブズは哲学史の文脈では「英語で初めて哲学的著作をした人」とされます。この時代までは知識人は皆、中世以来のラテン語で書いていたんですね。それがこの時代以降、ラテン語以外でも書き始められます。デカルトもフランス語を使っています。

さてその中で、先ほども触れましたが、アイザック・ニュートンという人がいます。いうまでもなく古典的な物理学、とくに力学の基礎を作り上げた人です。この時代の人ですから、ニュートンは神を信じていました。しかしながら、ニュートンの物理学は、神を信じていない人々にも理解できるものです。ニュートンは、世界をいわば「神が作った機械」として考えます。

そして肝心なことは、その機械は自動機械である、ということです。神がそれをいったん作った後は、そのまま勝手に動き続ける。たまに故障したときには神が介入するのかもしれませんが、基本的には作った後は勝手に動くイメージです。つまり、神が作ったのは自然法則で、後は世界の中のさまざまな物事はその法則の導くまま、自動的に動いていく。そしてその運動のメカニズムを理解するためには、神のご意志についていろいろ悩む必要はない。神が必要とされるのは、世界の創造においてだけで、そこから先は、自然法則にもとづいてあなるだろう、こうなるだろうと予測するだけだ、というのがニュートンの考え方です。ホッブズやロックのいう「自然状態」は、それに非常に似ているのです。

自然状態というアイディア

「自然状態論」とは、人間は神によって理性をもった自由な存在として作られた、でもそこから先は「勝手にやれ」ということで、実際に皆、勝手にやっている——平たくいうとこういう世界観です。ホッブズやロックも神を信じていないわけではない。むしろはっきりと信じているのですが、人間社会の秩序を神の直接の命令としては理解しない。先にも触れたとおり、広い意味での「社会契約論」ならば古代にも中世にもあったわけですが、そこには多くの場合、神の意志がもっとはっきりとした形で介在していたのです。

中世ヨーロッパの支配的な考え方によれば、世俗的な人間社会の法である国家の法は何にもとづいているかというと、自然法にもとづいている。ではその自然法とは何かというと、それは神が与えた世界の秩序に他なりません。この考え方によれば、人が作った実定法は、神が作った自然法の不完全なコピーとでもいうべきものなのです。「なぜ人間が法や道徳に従うのか?」というと、「それは神がそう命じられたからだ」と答える、そんなモデルがずっとあったわけです。こうした考え方からの大きな切断が、ホッブズとロック、あるいはスピノザなどによって行われました。それが彼らにおける「自然状態」という言葉づかいに表れています。

ここで注意しておいていただきたいのですが、皆さんも高校の世界史や公民で「自然法」という言葉を聞いているはずです。そしてそこでは主にホッブズやロックの「自然状態」論について習っていると思います。しかしそれは「自然法」という言葉、アイディアの長い歴史の中のほんのひとこま、どちらかというと例外的なエピソードにすぎません。繰り返しますが、「自然法」というアイディア自体は古代からあるのです。そしてもちろんホッブズやロックも「自然法」という言葉を使っていますが、伝統的な意味での「自然法」と、ホッブズやロックのいう「自然法」との間には断絶があります。「自然状態」というアイディアは、まさにその断絶を示しています。

「万人の万人に対する戦争」

自然状態には法がない。とくにホッブズとかスピノザの理論の場合にはそうです。ただ理性をもつ自由な存在としての人間が神によって作り出されて、世界の中に放り出されているだけです。ここではむしろ「自然権」という言葉に注目しなければなりません。たとえばホッブズの場合、自然法は最初は単なる「絵に描いた餅」です。自然状態の中に、理性的で自由な人々がただ放り出されているだけで、人々は、自分の頭と身体を使ってできることは何でもできる。「あれしちゃいけない、これしちゃいけない」と命令する人は誰もいない。そういう状況下で人々は、自分の生存を維持し欲望を実現しようとして、それこそ何でもするかもしれない。問題はそういう、好き勝手放題ができる人々がたくさんいる、ということです。互いのやりたいことが、ともすればぶつかりあうかもしれない。ことに資源が限られている状況を考えれば、そうした衝突はほぼ必然的に起きるでしょう。そうすると、互いに足を引っ張りあい、下手すれば喉首を掻《か》っ切りあうかもしれない。だから、人々が勝手気ままに自分の自由を振り回すだけでは、誰も安心して生きていけないし、実は結果的には、皆本当の意味では自由に振る舞えない。なぜなら何をしようと思っても、同じように自分の我《が》を通そうとする他人と衝突してしまうから。よく知られているように、これをホッブズは「万人の万人に対する戦争」と形容したわけです。

このような戦争状態を避け、人々がちゃんと安心して生きていくためには、皆が本来の自分の「自然権」をそのまま振り回すよりは、むしろその無制限な行使を控えた方がよい。他人を殺したり傷つけたりしてはいけない、他人のものをとったりしてはいけない。共通のルールで自らの自由を縛ることによって初めて、ある程度の自由も実現できる――どうしようもない戦争状態としての自然状態においても、人々はこの程度のことは思いつける、とホッブズは考えます。そしてこの思いつき、実現されることが望ましい共通のルールに対して、彼は「自然法」という名前をつけるのです。でもこれは伝統的な意味での「自然法」とはずいぶん違います。つまり、そのままでは単なる「絵に描いた餅」なのです。

		B	
		「自然法」を守る	「自然法」を守らない
A	「自然法」を守る	2、2	0、3
	「自然法」を守らない	3、0	1、1

表5–1

自然状態のゲーム理論モデル

どういうことか？　共通のルールの素晴らしさ、社会的な望ましさが頭では分かっていても、個人的にはそのルールを破った方が得になってしまう、という嫌な状況が「自然状態」なのです。ここではうんと単純化して、たった二人の個人AとBだけからなる社会をモデル化します（表5–1）。これは前に紹介した「ゲーム理論」のモデルの一例です。

表の数字は、その状態（AとBがおのおのいかなる選択を選んだか、の組み合わせ）においてAとBがそれぞれ結果的にどの程度幸福になるのかを表すものだとしましょう。左がA、右がBです。まずAの立場に即して考えましょう（なおゲームの構造は対称的ですから、Aについて成り立つことはBについても成り立ちます）。Aが利己的、かつ合理的であれば、どのような選択をするでしょうか？　もしもBが自然法を守って、Aに手出しをせずにおとなしくしていたならば、Aとしてはもちろん自然法を破ってやりたい放題、Bのものを好きなようにしてしまった方が自分の利益になります。

ではもしBが自然法を守らず好き放題していたら？　この場合にもAとしては、自分だけおとなしく自然法を守っていてはバカを見ますので、自分もやりたい放題をするでしょう。かくしてこのゲームの行き着く先（ゲーム理論の用語では「ナッシュ均衡」）は「二人とも自然法を守らない」というものです。しかしこの表を見てみますと、「二人とも自然法を守らない」状況に比べて、明らかに「二人とも自然法を守る」状況の方が、A、B双方にとってよりまし、より幸せなのです。しかしだからといってこの「二人とも自然法を守る」状況は「均衡」、つまりそこに到達したら、そこから動く気がなくなるような状態、ではありません。そこにおいてはA、Bどちらにとっても、相手を裏切る十分な理由があるからです。

各個人の立場からすれば、「自然法」の望ましさは理解できても、それを選ぶ動機がない。そこでホッブズによれば、外側からこの「自然法」への服従を人々に強制する国家というものが必要になるわけです。ですからホッブズを理解するときのカギは「自然法」よりもむしろ「自然権」、そして「自然状態」の方にこそある。

ロックの場合には、またホッブズとはかなり違った話が展開するのですが、それでも、彼の理論においても、仮に神がいるにしても、何かをしてくれているのは自然状態の成立までである、というのは変わらない。自然状態から出発して、人間たちがどういうふうに他人と付き合い、社会秩序を維持していくかという問題に対しては、神は答えを与えてくれない。そこで人間たちは、どのような秩序を作っていくべきかを手探りで見つけていかねばならず、現に成り立っている法と秩序はそのような試行錯誤の成果である、とされる。このように、人間社会の秩序の成り立ちを、神の意志に求めないという発想に立つがゆえに、ホッブズやロックの「自然状態論」は、近代社会科学の出発点といわれるのです。

「社会科学」と「社会学」のズレ

しかしながらこのような考え方は、たしかに「近代科学」の一環としての「近代社会科学」の出発点であるとはいえますが、「社会学」の出発点とは言い難い。なぜか？　前回、「社会学」の核心を「社会的に共有される形式」への関心に見出しました。たしかに、ホッブズやロックの議論にも、こうした「社会的に共有される形式」と呼びうるものが見出されていないわけではない。彼らの考える「自然法」をそのように解釈できないわけではない。しかしながら、すでにホッブズをゲーム理論的なモデルで解釈したことからもお分かりのように（そしてロックについても似たような議論が成り立つのですが）、彼らの議論はむしろ方法論的個人主義の方にこそなじみます。つまり彼らの議論において、社会的な秩序・関係は、社会契約、すなわち個人間の合意によって説明されるのです。つまり彼らの枠組みにおいては、「社会的なるもの」「社会的に共有される形式」は、基本的に個人に先立つものではない。

まず、まっさらな自然状態に、個人たちが存在している。個人に先立って存在しているのは神の創造の業《わざ》であるけれど、そこにはまだ、社会的な秩序は成り立っていない。社会的な秩序、文化は人々が作ったものであり、しかもそれは、一種の約束・合意、つまりは集団的なものではあれ、意図的な行為の結果、意図的な制作物として理解されます。いってみれば、社会的な形式は個人に先立つのではなく、個人によって先立たれている。個人はどこからやってくるかというと、自然状態からやってくる。このへんは単に科学の方法や世界の認識法としてだけではなく、社会の成り立ちそのものについての存在論的個人主義とでも呼ぶべきもので、社会学の発想とはずいぶん違います。

この個人主義の発想はもちろん、その後の社会科学の歴史を貫く太い流れとなって今にいたるわけですが、それでは、この講義で問題としているような、より厳密な狭い意味での「社会学」的な発想の根っこは、どのあたりに見出すことができるのでしょうか？　一応、すでにこの講義では一九世紀末から二〇世紀はじめを、学問としての社会学の出発点として紹介してきたわけですが、この時代とホッブズ、ロックの時代との間に流れる二〇〇年あまりの時間には、何か見るべき展開はなかったのでしょうか？

ということでまずは次の世紀、一八世紀の思想史を見てみましょう。われわれはまずこの時代に、まさに「社会契約」なる言葉を確立したジャン＝ジャック・ルソーに出会うわけですが、ここではむしろ海を隔てたルソーの同時代人、イギリスはスコットランドの哲学者たち、デイヴィッド・ヒュームとアダム・スミスに注目しましょう。スミスについては、皆さんは『国富論』によって経済学を確立した人として記憶しておいででしょう。「経済学の歴史はスミスから始まる」というといいすぎでしょうが、それでもやはりスミスは、経済学という学問の歴史上飛び抜けて重要な別格の存在として扱われている。もう一つの著書『道徳感情論』は社会学、社会心理学の源流の一つに数えてもよい本なのですが、どうも社会学者に愛されていないのが不思議です。またヒュームはスミスの友人で、経済学史でも重要人物ですが、それ以上にドイツのイマニュエル・カントと並び、一八世紀哲学史上の最重要人物です。

このヒュームとスミスの仕事の中に、ルソーとの対決が重要な契機として入っているのです。ヒュームは実際にルソーと直接交流があり、困っていたルソーにいろいろと親切にしてあげたのに、人間的にはいろいろと問題のあったルソーに振り回されて自分の方が困り、挙句の果て逆切れして——というゴシップなどもあるのですが、それはさて措いても、真剣な知的対決としても非常におもしろいのです。たとえばスミスの『国富論』にしても、ルソーの『人間不平等起源論』における近代文明批判（文明の発達、商業の発展が社会における不公平を拡大する）に対する反論（不平等は拡大したとしても、それでもその底辺の人々を含めて、社会全体の福祉は向上する）として読むことができます。しかしここではヒュームによるルソー、更にはホッブズ、ロックへの批判に注目しましょう。

ヒュームによる社会契約説批判

ヒュームには「原始契約について」という短い論文があります。原始契約というときには、当然ホッブズとかロック、更にルソーの「社会契約論」が念頭に置かれています。そこでヒュームはこんなふうに論じます——歴史的な記録を見ても、われわれは社会契約による国家設立の実例を知らない。皆で集まって対等な立場で約束して、クラブとか会社を作ったように国家を作った、などというエピソードを聞いたことがない。むしろ歴史を振り返る限りでは、たいていの国家は戦争と征服の結果できている。つまり対等な契約ではなく、勝利者、征服者による一方的な押しつけの結果として、と。この批判はなかなかいいポイントを突いています。実際に『リヴァイアサン』をよく読んでみると、少なくともホッブズ自身は、きちんと戦争と征服について書いているのですが、ホッブズの口真似をしていただけの亜流に対してはよく刺さる批判だったでしょう。

むしろヒュームが挙げたより重要な論点は「仮にわれわれの国家が社会契約の結果としてできたとしても、その拘束力がなぜわれわれにも及ぶのか？」ということです。世代を超えた契約の効力とは何によるものなのか？　契約が世代を超えて効力を発揮する場合がないわけではないですが、そういうときには普通、親から子へと契約による権利義務が相続されるわけです。しかしながら、誰も社会契約については、「それを相続するか否か？」という質問をされることはない。だからといって、われわれが国家権力に従わなければならない義務がないとはいえない。そうだとしたら、法律に従う義務とは、契約を守る義務とは異質な何かであるはずだ。

あるいはもう一つ、ヒュームはこんなこともいっています——契約によって国家に参加するかどうかを決めるというのであれば、ある国家の支配に服するのが嫌だったら、契約を拒否してそこから逃げられなければおかしい。しかしながら人は、自分の好まない国家から自由に逃げられるものだろうか？　実際には、そう簡単には逃げられないではないか、というのがヒュームの言いぶんです。ヒュームによれば、財産と教養のある人は逃げられますが、普通の庶民はそう簡単には逃げられない。でも、そういう庶民もまた、「お前が国家の法に拘束されるのは社会契約に参加しているからだ」といわれて納得するだろうか？　誰も納得しないでしょう。

もちろんここでヒュームは、「貧乏人は法律なんか守らなくていい」といいたいのではなくて、その逆です。貧乏な庶民もまた法を守り、国家に服従しなければならないとしたら、その理由は社会契約論では説明できないといいたいのです。それではヒュームは国家と法の起源、根拠について、更には社会秩序というものの形成に関して、どのようなアイディアをもっていたのでしょうか？

ヒュームの「コンヴェンション」論

ヒューム自身の法と国家、そしてより一般的な社会秩序のメカニズムについてのアイディアは、**「コンヴェンション」**という言葉に集約されます。コンヴェンションconventionとは多義的な、ニュアンスに富んだ言葉なので、日本語に訳す際にも訳者の方々が苦労なさっている。しばしば使われる「慣習」は無難な訳語でしょうが、まだしっくりこないところもある。では、ヒュームのいう「コンヴェンション」とは何なのか？

実例としては、たとえば、現代の日本では、道路交通法によって車は左、歩行者は右と決まっていますね。イギリスやオーストラリアでもそうです。ヨーロッパの大陸諸国や、アメリカ合衆国では反対ですよね。しかしこういうやり方は、最初から法律で決まっていたわけではなく、なんとなく道のこちら側は自動車、反対側は歩行者と、長い時間をかけて自然発生的に決まってきたものを、改めて法律で固定したもののようです。この「自然発生性」以外にもこのケースにおいて重要なことは、いうなれば「恣意性《しい》」、どちらが右でどちらが左でもかまわない、ということです。重要なのはどちらがどちらなのかがはっきり決まっていることであって、車が左側でなければならない理由はない。こういうふうに慣習には、恣意的で可塑《かそ》的なところがある。

歩行者だけでなく自動車がからむ公道については、自然発生的な慣習に任せておくわけにもいかず、国家がしゃしゃり出て法律でかっちり強制しますけれど、たとえば、エスカレーターで右側を空ける習慣のことを考えてみましょう。これはあくまでも「なんとなく」のものであって、ルールとして明確に決まっているわけではないですね。法律で決められていないのはもちろん、ローカルなルールとしても、たとえばデパートや駅などで明確に「こうしてください」と利用者に勧められているわけでもない（そうしているところもありますが、そこまではっきりしていないところも多い）。でも少なくとも現代の日本では、わりと広く行われている習慣ですね。これはコンヴェンションの典型です。

つまりコンヴェンションとは、社会的に共有された振る舞い方の「お約束」であるわけですが、法律とは違って、強制力はない。また意図的、明示的な約束とも違う。はっきりした自覚的な約束や法的な契約については、その当事者たちは互いに「その取り決めに従う」という意思表示をした上で従います。コンヴェンションの場合にはそうではない。その慣行に従わなくても直接罰せられるようなことはないし、またその慣行に従うときも、「今から従います」と意思表示をする必要はなくて、ただ単に「みんなちょっと右空けてるな、では私も」というふうに、その慣行にただ参加して、黙って実行しさえすればいい。むしろ明確な意思表示があったら変だ、というのがコンヴェンションです。

ヒュームによれば、社会秩序の典型は意図的な約束や契約ではなく、このように自然発生的で、かつ必ずしも強制的ではないコンヴェンションなのではないか、というわけです。それに従わなくても、罰せられるわけではない。しかし不具合や不都合が起きてしまうので、それを避けるために人は従う。しかし、逆らったり無視したりすることもできる。社会秩序とは、むしろこういうものではないのか。更にまたこうしたコンヴェンションとは、自然法則のように人間にはどうしようもないものではなく、人為的にいじったりなくしたりしてしまうこともできるけれど、にもかかわらず自然発生的で、誰かが意図的に作ったものではない。人間の行為の結果だけれども、意図的に作られたものではない。それに人が従う理由も、社会秩序を守ろうなどという理由で参加するのではなく、あくまで自分のため、利己的な理由であってかまわない。こういうコンヴェンションは、実に幅広いですね。考えようによっては、まさに言語それ自体もまたコンヴェンションに他ならない（なぜそういえるのか考えてみてください）。

こうした自然発生性、また自分の都合による参加を許容するという点においては、スミスが「見えざる手」という言葉で語っている市場経済についても同様です。『国富論』においてスミスは、市場における取引メカニズムについて論じています。そこにおいて重要なことは、人々はあくまで、自分の利益を実現するためにこそ取引に参加するのであって、他人のため、社会のためにではない、ということです。しかしながら、人々が自分の利益を追求して取引に参加することで、結果的には社会全体で資源が有効活用され、皆がより豊かになり、社会的な利益が実現される。つまり、ここでは社会秩序が、行為の意図せざる結果として理解されている。これが社会契約論――秩序を意図的な構築物と理解する――と違うところです。このような考え方はいうまでもなく、「社会契約論」よりは「社会学」に近いところに位置しています。しかしまだ微妙な違いが残っている。ではどのように違うのか？　それについてはまた次回とさせていただきます。

第6講●社会学前史（2）——進化論と比較文明史のインパクト

意図によらない秩序

前回見たとおり、ヒューム、スミスの議論においては「**社会秩序の形成は「意図せざる結果」である**」という考え方がかなりはっきり出てきています。その意味では、法や社会的秩序を「契約」、つまり意図的な協力の所産として理解するホッブズやロックのやり方とは少々異なる、新しい考え方であると見ることができる。そしてもう少し踏み込んだ言い方をしますと、この「意図せざる結果」として社会秩序を見るという考え方は、「社会学」により一層近づいています。

確認しますが、ホッブズとロック（そしてルソーもおおむね）の議論は、社会秩序——具体的に彼らが問題にしているのは一応、国家や法ですが、道徳や社会秩序一般にまで延長可能な議論として読まれることが多いわけです——を「合意」や「約束」をモデルにして理解してしまうわけです。しかしこれに対して、とくに方法論的全体主義／社会主義の立場からは「それはどうなのか？」と反問したくなるでしょう。その理屈では、大事なところを取り逃がしはしないか、と。そしてヒュームとスミスの議論は、そのような論法による「社会契約論」批判として解釈することもできます。そこで微妙だが決定的な断絶が起きている。

ホッブズやロック、ルソーなどの場合には、神の意志、神の手の介入といったものは、議論自体の中に出てきません。社会秩序は神の意図的な構築物ではない。その代わり「社会契約」、すなわち人間の意志・意図が登場する。つまりそこでは相変わらず、社会秩序が誰かの意志・意図の所産として理解されている。このような構図はもちろん、彼らの契約論の直接の攻撃目標であった、絶対王政の王権神授説などにおいても共通している考え方といえます。もはや国家、法、社会秩序は、神が意図して作ったものではなく、人間が意図的に作ったものとして理解されている。その主体が神でなく人間であるところに飛躍があるけれど、相変わらず「意図的な」構築物として社会の秩序は捉えられている。それに対してヒュームやスミスは、意図によらない、デザインされない秩序という考え方を提出しているのです。

ダーウィンによる継承

この「意図によらない秩序」というアイディアのインパクトは、長期的に見ると相当に大きい。本格的にこのアイディアが科学理論として定式化されるのはもう少し後の一九世紀、すでに何度か言及してきた、チャールズ・ダーウィンの進化論です。彼の「自然選択」というアイディアによって初めて、「意図的な設計によらない秩序の自己生成」の理論が明確に定式化されたのです。

では、ダーウィンの「自然選択」というアイディアの、どこがそんなに革命的だったのでしょうか？　確認しましょう。神の意志によって何でも説明する古い宗教的な考え方にせよ、あるいはある意味それと対極的な社会契約論的な発想にせよ、それらにおいては「秩序だった複雑なシステムは、意図的な設計によって構築されるものだ」という発想が、その大前提として潜在している。それが大前提、つまり暗黙の常識となっているならば、意図的な設計が一見したところ介在していないにもかかわらず、複雑精妙なシステムができあがっているとしたら、それはとても不思議なことで、解明を必要とする謎となります。そして生物世界は、科学革命・ニュートン力学以降の世界においても謎であり続けました。なぜなら天体の運動をはじめとして、物質の機械的な運動はシンプルな物理法則によって説明できても、生き物の振る舞いやその多種多様性は説明できなかったからです。

人間の社会においても、国家や法律についてなら、それを意図的な設計、構築の産物と理解してしまうことがある程度はできますが、スミスが『国富論』において見出した市場経済——価格というシグナルを通して売り手と買い手の間の取引を調整するメカニズム——には、それを設計した人はいないし、全体の管理者もいません。市場経済への参加者は、めいめい勝手に好きな相手と取引するだけで、そこに課せられた制約といったら、基本的な法律や共通のルールを守ることとくらいです。参加者に対してあれこれ命令をし、全体の調和を保つ管理人がいないにもかかわらず、ではなぜ市場経済はうまく動いていけるのか?

このように、主役が神であれ人であれ、「秩序とは意図的な構築物である」という想定が暗黙の前提、常識となっていれば、「デザイナーも管理人も見当たらない秩序」は、説明を要する不可思議な現象として立ち現れずにはいられないわけです。それが、ダーウィンの進化論の出現以降、発想の逆転が徐々に進行していきます。ダーウィンの「自然選択」の理論は、意図的な設計や誘導によらずに、いわば集団的な試行錯誤の結果として、それぞれの環境に適応して効率的に自己を再生産する多様なメカニズムの生成発展をうまく描き出しています。そうすると、この世界における複雑な秩序の形成メカニズムとしては、むしろこちらの方が基本なのであり、逆に説明を要するのは、人間にとってなじみ深い、意図的な設計と構築の方ではないでしょうか？　普通、複雑な秩序というのは、長い進化のプロセスの果てにできあがっていくものであるのに、人間はそれとは別のやり方で、きわめて短い時間で新しい秩序を次々に作っていくことができる。宇宙的なスケールとまでいかずとも、地質学的な時間のスケールで考えれば、むしろこちらの方が異常なのではないか？このような問いの立て方の逆転が、ダーウィンによってはっきりと可能になりました。

そして私見では、ヒュームの「コンヴェンション」論やスミスの「見えざる手」論は、こうした発想の源流に位置づけることができるのです。ダーウィン自身は直接には、『人口論』で有名なトマス・マルサスに言及していますが、マルサスは経済学史上のビッグネームでもあり、当然、ヒュームやスミスの影響を受けています。人間社会における秩序の典型とは、意識的に構築された法や国家制度ではなく、いつ、どこの誰が始めたとも分からないが、気がつくと何となく皆がそれを踏襲している慣行・習慣、つまりは「コンヴェンション」の方なのではないか、ということです。

ダーウィニズムの一般理論化

もちろんもともとダーウィンの理論は、生物の進化にかかわるものでした。しかもいくら人間もまた生き物だとしても、そのロジックは人間社会の普通の意味での歴史――社会的存在としての人間の歴史――にまでは及ばない、ということがきわめて重要でした。

しかしながら、「自然選択」というメカニズムを支える物理的な基盤である「遺伝子」の解明が、二〇世紀後半以降急速に進みます。ダーウィンの時代には、生き物個体の姿かたち、性質を大枠で決めていく遺伝の具体的なメカニズムは、基本的には未知のままでした。生き物の身体や細胞の中で、いったいどのようなことが起こることによって、あの「遺伝」という現象が起きるのか、その具体的なメカニズムはほとんど何も分かっていませんでした。その後しばらくの間は、生物学者たちは遺伝のメカニズムの内側に立ち入ることはできず、統計的手法を中心に、具体的な生き物個体の姿かたちのデータから逆算する、つまりは遺伝メカニズムの外側から手探りする研究が中心でした。しかし有名なワトソン＝クリックによるブレイクスルー（二重らせん構造の提唱）以降、この理論的仮説としての「遺伝子」におおむね対応する具体的な物質である核酸（DNA、RNA等）とその細胞内での具体的な働き方が、どんどん解明されていきます。その中で、第2講以来強調してきている「ロボット・モデル」的な発想――遺伝、更には生命現象そのものを一種の情報処理のメカニズムとして捉える考え方――が成熟してきます。

もちろんそこには、コンピューター科学、ロボット科学の発展も反映しています。遺伝、そして生命現象を情報処理のメカニズムだと考えるならば、遺伝情報（プログラム）こそが重要であって、それを乗せる物質自体（DNA）は実はさほど重要ではない。DNAとはいわば、コンピューターにおいてプログラムの記録媒体であるテープやディスクに当たるのではないか？　とすれば、コンピューターにおいてそうした情報を記録したり伝達したりするメカニズムが多種多様であるように、少なくとも理論的には、DNA以外の物質によっても、生命現象と呼べるものは実現されうるのではないか？　このような問いかけがリアリティを帯びてきます。

ことのついでにここで重要なことを一つ申し上げますと、コンピューターというものは、理論的には何でできていてもいいんです。現在われわれが普通に使っているコンピューターはもちろん、電子回路でできています。しかし一口に「電子回路」といっても、具体的には何でできているのか？　第一世代のコンピューターは電線と真空管でできているわけですよね。そして俗にいう第二世代はトランジスター、シンプルな半導体です。第三世代以降は——ここまでくるともう「第X世代」という言い方自体が死語と化してしまいましたが——膨大な数の微細な半導体を用いた集積回路が、わずかなスペースにぎっしり刻み込まれたシリコンチップです。あれが何であるかというと、要するに回路の複雑な組み合わせです。小さい容積の中に膨大な数の回路を作り込むのに都合がいいし、またそういう精密加工が可能になってきたから、今のシリコンチップでできたコンピューターがあるわけで、理論的には、回路でありさえすれば何でもよい。つまりは、皆さんが小学校の理科の実験で作ったような、銅線と手製のスイッチで切り替えるような回路でもかまわないし、それどころか電気と関係なくてもかまわない。電線の代わりに水道管、電気の代わりに水、でもよい。あるコンピューター学者は子供の工作玩具の歯車と棒を組みあわせて、初歩的なコンピューターを作ったくらいです。一九世紀におけるコンピューター科学の先駆者として著名なチャールズ・バベッジの構想では、コンピューターは蒸気機関で動く予定でした。

つまるところ、現代の技術レベルにおいては、電子回路を用いて作ったものがもっとも効率がよい――小さくて速くて正確でかつ安価だから、コンピューターは「電子計算機」なのです。回路の本質的な働きは、それでもって論理演算を行うことであって、電流を流すことではありません。論理演算を行う回路自体は、電流以外にもいろいろな物理現象で実現可能です。生命現象においては、いまだ「ＤＮＡ・ＲＮＡによらない生命現象」は理論的可能性、あるいはたとえ話の域を出ていませんが、コンピューターの場合は、「電子回路以外でできたコンピューター」は最初から十分ありうる――いや現にあるのです。重要なのは回路がどんな素材でできているかではなく、その素材を用いてうまく情報を表現し、処理できているかなのです。つまり「内容」ではなく「形式」こそがここでは重要であるわけです。

もちろん「形式」のレベルに着目してみても、遺伝子レベルでの「情報処理」とコンピューターの回路上での「情報処理」、そして人間の言語的コミュニケーションを通じての「情報処理」とはかなり異なります。ついでにいうと、人間をはじめとした複雑な神経系をもつ動物の脳、中枢神経における「情報処理」もまた独特です。遺伝子の働きが「回路」といえるかどうかは議論の余地があるでしょうが、脳神経系は一種の「回路」のようです。だとしてもそれらは、われわれのコンピューターとは異なった「形式」をもつ別種の「回路」です。ですから誤解のないように確認しておくと、遺伝のメカニズム、脳神経系、そして人間の言語は、同じ種類の「形式」をそれぞれ別種の物理現象を素材として実現している、というわけではありません。それらは「形式」としてもそれぞれに独自です。

ただし、その中でもコンピューターの「形式」は一番シンプルであるがゆえに、逆に他のシステムの振る舞いをシミュレートできると期待されます。時間やエネルギーの制約さえ無視すれば、すべてのコンピューターはいずれも万能機械であり、他のどんなコンピューターの動きも単にシミュレート（真似）できるというにとどまらず、完全に再現できることが知られています。では脳や遺伝子、あるいは言語活動はコンピューターによって、単なる真似の域を超えた、完璧な再現はできるのか？　それについては、今なお決着はついていません。その種のシミュレーションの試みは、今のところよくできた「真似」の域を出ていないといってよさそうですが、将来については分かりません。

環境要因への着目

横道にそれたので話をもとに戻しますけれど、ダーウィン進化論というのはそれほど重大な意義をもった科学革命だったわけですが、その原型（の少なくとも一つ）はヒューム、スミスらの当時の言葉でいうと「道徳哲学」、今風にいえば「社会哲学」にあるわけです。その核心である「意図せざる秩序」という発想は確実に社会学の核心でもある。ただし、そこから社会学が始まったとはいえない。なぜか？　ただ単に「社会学」という言葉がまだなかったからではない（「社会学 sociologie」というフランス語を作ったのは一九世紀半ばのオーギュスト・コントですが、エスタブリッシュメントとしての社会学にはまだ早かった。後に触れます）。第一に、スミスが「経済学の父」として名高いように、「意図せざる秩序」という発想は社会学の専売特許ではまったくない、ということです。生物学的進化論のことは棚に上げたとしても、スミスが「見えざる手」という比喩で語った「意図せざる秩序」としての市場経済というアイディアの上に、その後の経済学は構築されていきます。

ただし経済学の理論はおおむね、方法論的個人主義にのっとって構築されており、「意図せざる秩序」の解釈においても同様です。個人個人の利己的な行動が、結果としてある種の調和を達成するというシナリオであって、あらかじめ社会的に共有された知識・情報という社会性それ自体に対する関心は二の次です。ではそのような関心がいつごろ熟してきたのかというと、それがまさにウェーバーとデュルケムの時代、一九世紀末から二〇世紀はじめにかけてではないか、というわけです。先に触れたようなダーウィン進化論の社会科学領域における復権、すなわち人間社会における進化現象を、生物学的ヒトの変化にではなく、言語・文化の次元における変化に見出すというアプローチにおいてもまた、そこでの主役は個人ではなく、社会的に共有されて個人を導く知識・情報であることはすでに述べたとおりです。「意図せざる秩序」のみならず「社会的に共有される形式」への着目もまた、社会学の核心をなすといえましょう。

いま一つ、方法論的個人主義への反発とは微妙に重なりあいつつずれる社会学的な発想として、人間の非合理性への注目、というものがあります。方法論的個人主義の典型といわれる理論経済学、そしてゲーム理論の用いる主体モデルは、しばしば「合理的経済人」と呼ばれて、その特徴は利己的であることのみならず合理的であることに求められている、ということはすでに触れたとおりです。そういう想定は見かけほどは非現実的なものではない、ということもすでに説明しました。というより、科学的なモデルを作ろうとするならば、ある種の「合理性」、つまり主体の行動の理解可能な首尾一貫性を想定することは不可避です。

現代においては社会学者といえども、「人間はそんなに賢くないよ」というような素朴な批判の仕方はしません。ただ経済学者が「人間はそこそこ合理的だ」という前提から出発してその先について考えるのに対して、社会学者は「なぜ人間は（「合理的経済人」モデルがそこそこ使える程度には）合理的なんだろうか？」という問いの前で立ち止まってしまう傾向がある。経済学者もそこでいろいろ考えないわけではないけれど、基本的には、前にも述べたように、広い意味での進化論的な説明で納得してしまって、むしろその先を問おうとします。あえていえば社会学は、人間の性質よりも、人間の性質を形作る環境要因に関心があり、なおかつそうした環境要因の中でも、固有の意味で社会的、歴史的な因子に関心を寄せるのです（生物学的、自然環境要因に関心を寄せるのが生物学的人類学、人類生態学、ということになりましょうか）。

比較という方法論――モンテスキューの功績

環境要因の違いが人々の気質、行動パターン、感性等々に影響を及ぼす――それゆえにそうした違いについて考察する。すなわち比較の視点が非常に重要であるという発想は、社会学の顕著な特徴の一つです。これもまた方法論的個人主義に立つ経済学やゲーム理論においては、無視されないまでも「議論の前提」として脇に追いやられがちなテーマです。そしてこの「**比較**」作業を行うために、社会学は親しい隣接分野としての文化人類学に強く依存してきました。

ここでもまた、「比較」という方法論自体が社会学に固有であるわけではないことを指摘しておかねばなりません。「比較」という問題関心を潜在させた歴史記述は、それこそ古代や中世の歴史書（古代ギリシアのヘロドトス『歴史』や中世イスラームのイブン・ハルドゥーン『歴史序説』等）にも見出すことができます。「近代」社会科学の歴史に視野を限ってみても、われわれは一八世紀、ヒュームやスミスにわずかに先立って活躍したフランス人モンテスキューの『法の精神』を逸するわけにはいきません。

『法の精神』とはいっても法律についてだけの本ではなく、これは政治学でもあり、ある意味先駆的な社会学ともいえる、総合社会科学的な著作です。何より重要なのは、それが第一の方法論として「比較」を用いているということです。ヨーロッパの歴史から得られた知見のみならず、イスラーム圏や中国、当時のアメリカ植民地など、ヨーロッパの外にまで目が向いています。現代人の目から見ると意外なことですが、一八世紀のヨーロッパの知識人には「ヨーロッパが一番」という意識は案外弱い。多くの人は中国のことを、先進文明としてとても重視している。実はこのへんについては、モンテスキューのみならず、ヒュームやスミスも同様です。

俗にモンテスキューの三部作といわれるのがこの『法の精神』に加えて『ローマ人盛衰原因論』、そして『ペルシア人の手紙』です。後者二つは短くて読みやすいですが、とりわけとっつきやすいのは『ペルシア人の手紙』の方でしょう。この本は小説の体裁をとっています。「ペルシア人の手紙」というくらいですから、主人公はペルシア人という設定です。イスラーム圏からヨーロッパに遊びに来たイスラーム貴族の手紙という体裁をとって書かれている、つまり「異邦人の目でヨーロッパ文明を批判する」というスタイルです。ジョナサン・スウィフトの『ガリヴァー旅行記』をはじめとして、一八世紀ヨーロッパではこの手の文明批評的な風刺小説が多く書かれていますね。こういう小説を書くあたりからも、モンテスキューにおいては文明間比較、比較を通じての自己の社会の相対化という方法論が非常に重要であることが分かります。その意味では彼の業績もまた、社会学の源流の一つではあるんですね。ただしそれでもなお「社会学の原型」とまではいいにくい。社会学の学説史の中で、モンテスキューの名前が出てくることもありますが、ないことも多い。

実験の困難な社会学という学問にとって、複数のケースの比較という方法の重要性は、すでに第1講においても強調したところですが、歴史的な素材を駆使しての比較という手法は、社会学中興の祖たるデュルケムやウェーバーの独擅場でもありました。そして彼らの行う「比較」作業と、モンテスキューのそれとの間には、微妙な違いがあります。

モンテスキューとスミス

しばしばモンテスキューの「比較」方法論は「クリマトロジーclimatologie（気候学）」と形容されます。つまり、社会の違いの原因を自然環境（climate、つまり気候風土）の違いに求める傾向がある。もちろん自然環境は重要です。むしろ近代社会科学が、自然環境という要因をどちらかというと軽視してきたことの弊害が、二〇世紀末以降はとくに強調されるようになりました。しかし、社会学がこだわる「社会的なるもの」「固有の水準」への関心の弱さは、モンテスキューにあっては否めないのです。

ここでモンテスキューとスミスを比較してみますと、おもしろいことに気づきます。スミスの『国富論』においても「比較」という方法はきわめて積極的に用いられています。しかしその「比較」の手つきはモンテスキューとは非常に異なる。まずスミスは、自然環境という要因をそれほど重視していません。中国とヨーロッパとを比べるときにも、着目するポイントが、生産力水準、市場の発展の度合等々の経済であり、それも自然の生産力というより、技術、労働の生産性、法制度等の「社会的」な要因に注目します。更にその比較の「尺度」が問題です。非常に簡単にいえば、生産力、物質的富の豊かさという分かりやすい一次元的な尺度で社会と社会を比較するのです。

スミスの議論においては、中国はその生産力がかなり発展しており、豊かな富を享受しているにもかかわらず、これ以上発展の余地がなく行き詰まった社会として描かれます。一方ヨーロッパには、まだまだ発展の余地がある、というわけです。単純にヨーロッパと中国を比べて、どちらが進んでいてどちらが遅れているというわけではないですが、発展段階でさまざまな社会を並べていくという、まさに後の進歩史観の原型がスミスにはあります。こうした進歩史観はおおむねモンテスキュー以降、一八世紀後半という時代に形作られていったといえます。スミス、ヒュームの他、フランスでもテュルゴーやコンドルセといった名前を挙げることができます。こうした進歩史観における「比較」はモンテスキューのそれとも、またのちの社会学・人類学のそれとも違います。

社会学にももちろん、こうした進歩史観由来の、文明の「発展段階」という考え方は強い影響をもたらしています。しかし成熟した社会学においては、こうした一本道の歴史観からのずれが目立ちます。複数の社会を単なる発展段階の違いとして押さえない。こうした社会の間の相違を文明の発展段階の違いに求める進歩史観の理論は、一九世紀のマルクス主義においてある種の完成を迎えます。しかし、その更に後に登場する社会学は、それともまた少し違うわけです。社会学はある意味でモンテスキュー、というよりも一八世紀の古き良き啓蒙主義、己惚《うぬぼ》れたヨーロッパ中心主義から距離を置いた視点に回帰しようとしているといえます。しかしモンテスキューのような自然環境重視の姿勢はとりません。進歩史観と同様、たとえばコンドルセの場合の学問・芸術の発達、スミスやマルクスの場合の生産力の発展といった、固有の意味で社会的なファクターをこそ重視しつつも、そうしたファクターを一本道の歴史を生むものとしてより、歴史の多様性をもたらすものと捉えます。デュルケムとウェーバーの時代とは、そういうスタンスを生んだ時代であり、そこが現代的な意味での「社会学」の出発点なのです。

それにしてもなぜこの、一九世紀末から二〇世紀はじめという時代に、ウェーバーやデュルケムが出現したのでしょう。「社会学」という言葉はすでに存在しましたが、それに中身がともなうようになったのはこの時代です。ではなぜこの時代なのでしょう。次回はその理由について考えてみましょう。すなわち、社会学を生んだ「時代精神」とでも呼ぶべきものについて。

第7講●モダニズムの精神——前衛芸術は何を変えたか

モダニズムの時代

固有の意味での「社会学」の時代背景について考える、今回のキーワードは「**モダニズム**」です。「モダニズム」という言葉は、一般的には芸術史、文化史用語ですが、芸術に限った話ではなく、より広く思想史的に、また科学史的に見ても重要なキーワードです。社会学中興の祖であるデュルケムやウェーバーの活躍した時代は、世紀末から第一次世界大戦にかけてですね。これはまさに「モダニズム」の時代でもあるのです。

「モダニズム」といったときにぼくがまず思い浮かべるのは、古い言葉になりますが「前衛芸術」という言葉です。美術にせよ文学にせよ、一九世紀は広い意味でリアリズムの時代です。ところが二〇世紀に入ると、新しい展開として俗に「前衛芸術」と呼ばれる潮流が出現してくる。具体的にいえば、シュルレアリスムだとかキュビスムだとかがそうです。文学においても、ジェイムズ・ジョイスの『ユリシーズ』『フィネガンズ・ウェイク』といった言語実験小説が真っ先に思いつかれるわけですが、ああいうものが出てくる。

それから、建築、という分野が結構重要です。たとえば、鉄とガラスでできた、あのまっすぐで

図7-1　パリの中心部。前方が古い街並みで、後方のビル群がモダニズム以降の建築物。（提供：ユニフォトプレス）

四角くて透明感のある現代的な高層ビルというのは、まさに建築におけるモダニズムの所産なんですね。あれはもちろん技術的な要因もありますが、それプラス新しい設計思想があって、ああいうものが出てきた。ちょうど一九世紀的なリアリズム絵画と、モンドリアンの抽象絵画との違いのようなものが、一九世紀までの建築と、二〇世紀以降の高層ビルとの間にはある。

一九世紀の建築や都市というのはどういうものなのか？　日本と違ってヨーロッパに行けば、一九世紀、下手をすればそれ以前の古い街並みが、結構残っている——意図的に残しているところも多いんですね。分かりやすいところでいうとパリがそうです。パリの中心部は博物館みたいに、意図的に一九世紀の街並みを残している。あれと二〇世紀の建物を比べてみれば、そこに大きな切断があることが分かる（図7－1）。皮相的に見れば「装飾性を排した機能一点張りの建築」という感じですが、実際には鉄とガラスの高層ビルにも、独特の美学があることは今となってはよく分かります。ただ、たしかに従来の建築の美とは何やら別種の美が、そこでは追求されている。建築を支える論理と感性において、何らかの重大な変化が起きている。そういう切断が起きた時代として、モダニズムの時代を理解してください。

これまでこの講義では、「形式」という言葉をキーワードとして用いてきました。ところで文学、芸術の方でもフォルマリズム、つまり「形式主義」という言葉がこの時代には出てきます。更にいえば学問の方でも、二〇世紀数学の新しい展開、いわば「現代数学」の出現を一種の「形式主義」として理解することができます。

結局この「モダニズム」というのは何なのか？　「モダニズム」というくらいだから「モダン」、つまり「近代」についての何かなんですが、では「近代主義」と直訳していいかというと、これは誤訳といっていいです。むしろモダニズムは「反近代主義」といった方がまだいいくらいですけれど、でもやはり単純な「反・近代」ではないんですね。「モダニズム」とはあえていうなら、**近代の「自意識」**です。「自意識」という日本語が一番簡単に使われる文脈は、そう「自意識過剰」ですよね。「モダニズム」という言葉で指し示されるもの、「モダニズム」の潮流に位置づけられる芸術作品や研究業績を特徴づけるのは、こういう「自意識」です。

社会学とは、いわばこういう「自意識」の所産ではないか。これからのお話はつまりは、そういうことです。

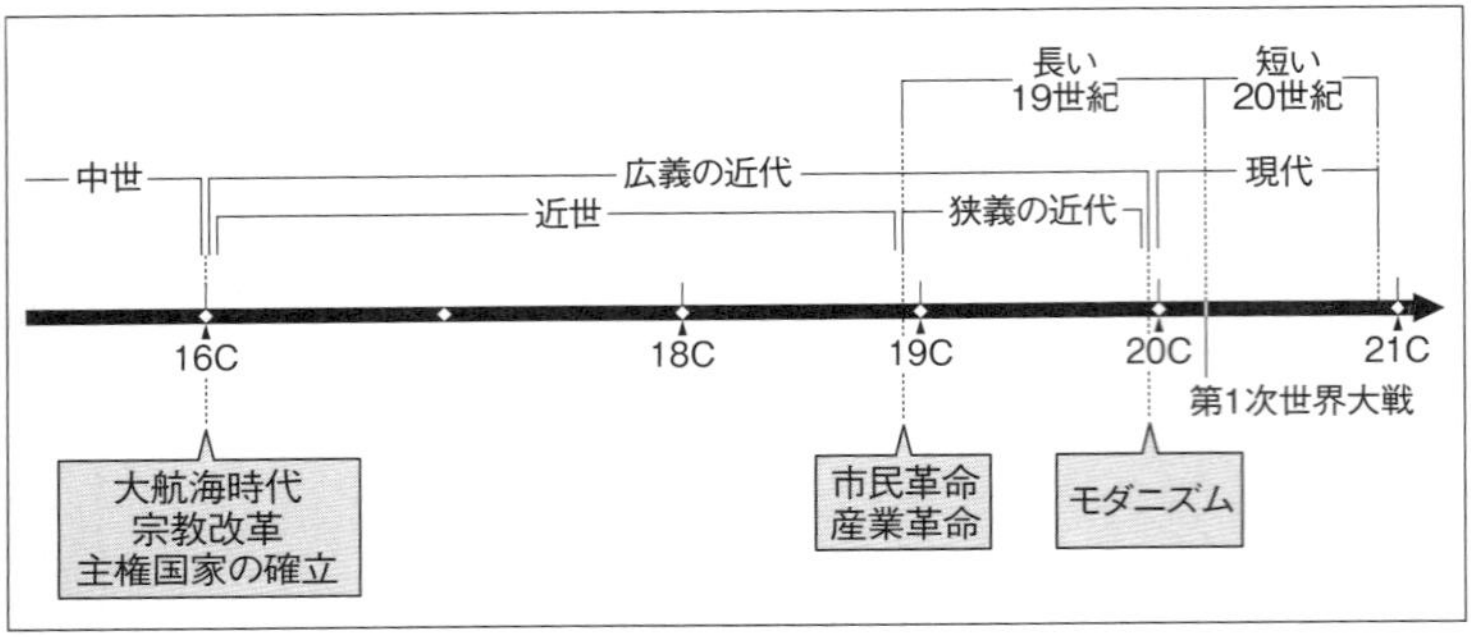

図7−2

近代の時代区分

「モダニズム」という潮流は、ヨーロッパ人が私たちのこの時代って何？　私たちって何？　と急速に気に病み始めた徴《しるし》と見ることができます。

ヨーロッパの歴史、更には世界史における時代区分において「近代」というくくりは非常に重大でかつ問題含みのものです。皆さんが高校で習った世界史でいえば、普通はヨーロッパの一六世紀あたりを分水嶺として、それ以前を「中世」、それ以降を「近代」とすることが多いですね（図7−2）。そして「近代」の中でも、一八世紀末から一九世紀初頭あたりを境目として、初期近代＝「近世」と狭い意味での「近代」を分ける。そしてついでにいえば、前回から問題としている時代、一九世紀末から二〇世紀はじめあたりを境界として、それ以降二〇世紀の後半、だいたい九〇年代はじめごろまでを「現代」と呼ぶ――二〇世紀史を「現代史」と呼ぶ慣習が定着していました。この呼び方は今では廃れつつあるのですが、代わりのうまい呼称がまだなかなか見つかりません。

「中世」と「近代」（「近世」）を分かつ出来事としてはいわゆる

「大航海時代」およびヨーロッパによる世界の植民地化の開始、「宗教改革」および西ヨーロッパ世界を精神的に統合してきたキリスト教会の分裂と、それにともなう政治と宗教の決定的な分離、より上位の権威をもたない主権国家の成立、等が挙げられます。「近世」と狭い意味での「近代」の境界線は「市民革命」、とりわけ主権国家を「近世」的な絶対主義的身分制国家から、「近代」的な議会制国家へと転換させていくきっかけとなったフランス大革命と、「産業革命」、人力でも畜力でもない「燃料」を用いて巨大かつ安定したパワーを引き出す動力機関の開発をきっかけとした、持続的な経済成長の開始です。

ではここで問題となっている、一九世紀末から二〇世紀はじめにかけての転換とは、どのようなものでしょうか？　いろいろ議論はあるのですが、本書はとりあえずこの時代を「モダニズム」という「近代」の自意識が芽生えた時代として捉えてみたいわけです。そうするとそれ以前、狭い意味での「近代」は、そういうひねくれた自意識がまだ育っていない**「素直な近代」**というふうに位置づけられます。そして経済学は「素直な近代」の産物として理解されるのに対して、社会学は近代についての自己意識が芽生えた旧「現代」の所産として捉えられることになります。

これでこの講義では、「社会学とは何か？」という問いに対する、二とおりの答えを提示したことになります。一つは、**「社会学とは、社会的に共有された形式についての学問である」**というものです。つまり社会学とは、常識的には「文化」とか「知識」とか呼ばれるものを対象とする学問である、ということになります。そして二番目、今回提示した定義は、**「社会学とは「近代とは何か」を問う学問である」**、というものです。おおかたの近代社会科学は、「近代とは何か」を問わないで、ただ近代の中にいるだけであるのに対して、社会学は近代の中にいながら、同時にその自分の居場所としての「近代」とは何なのかを問う、ひねくれた意識の産物であるというわけですね。それでは、この二つの定義の間には、どのような関係があるのでしょうか？　これからしばらくの間、その問題について考えていきたいと思います。

近代と現代の転換期

狭い意味での「近代」から古い意味での「現代」への転換期を先ほどまでは一九世紀末から二〇世紀はじめといってきたわけですけれど、場合によってはそれをもう少し後、第一次世界大戦を分水嶺とみなすことも少なくありません。ことにソ連崩壊と東欧社会主義圏の解体以降は、第一次世界大戦――その中でソ連も誕生しました――を起点とし、社会主義圏の解体で終わる七〇余年――二つの世界大戦とその後の東西両陣営の対決、「冷たい戦争」の時代――を「短い二〇世紀」と呼び、フランス革命から第一次世界大戦までを「長い一九世紀」と呼ぶことも多くなってきました。たしかに文化史や芸術史の書物を見るならば、「モダニズム」はむしろ第一次世界大戦以降のできごとと位置づけられていることが多いでしょう。それに対して第一次世界大戦前は「世紀末」とかあるいは「ベル・エポック」などと呼ばれることもあります。

この戦争前というのは少し不思議な時代で、「世紀末」などという言葉からうかがわれるように、爛熟《らんじゆく》退廃の時代としても記憶されています。ヨーロッパは平和で豊かであったし、戦争の予感もなかった（「ベル・エポック」すなわち「よき時代」ですね）。しかし他方でまたこの時代は、「帝国主義の時代」だともいわれています。もちろん西欧列強はそれ以前からアジア、アフリカ各地を植民地化してきていたわけですが、この時代はドイツ、イタリアといった後発諸国が植民地獲得レースに参入してきたこと、そして可能なところはおおむね植民地化され尽くしてしまって、帝国主義的諸国の間での緊張が高まったことによって特徴づけられます。

今から見ると奇妙なことに、この時代「帝国主義」という言葉は、今日われわれが思い浮かべるような悪い意味においてのみならず、「強国は植民地をもって当然」という感じのプラスの意味でも使われていたのです。この「帝国主義」時代は「列強の対立」とか「植民地の再分割」など、振り返ってみれば第一次世界大戦の前触れになるような不安定な時代だったと見えなくもないです。しかし他方で同時代人の証言を見るならば、誰も大戦のことは予想していなかった、という感じです。ただ、ある種の不安感はあった。戦争が終わった後から見ると、豊かな時代の人々の不安がまさに当たってしまったのではないか、というふうにも見える。「モダニズム」とはそうした不安とつながっている、と後知恵的にはいえそうです。

リアリズム絵画

さて、モダニズム、そしてその準備段階ともいうべき「世紀末」「ベル・エポック」の時代精神と社会学とはどういう関係にあるのか？　「同じ時代だから」といってすむ話とも思えませんから、きちんと考えていきましょう。

「モダニズムとは近代の自意識である」といいましたが、そういう「自意識」が表現において表

図7−3　近代絵画の源流というべき巨匠ブリューゲルのよく知られたこの作品にも、まさに計算づくの遠近法が用いられている。（ブリューゲル「子どもの遊戯」ウィーン・美術史美術館）

に出てきてしまうのがいわゆるこの時代の「前衛芸術」である、と考えると分かりやすいのではないかと思います。「前衛芸術」という言葉も「死語」に近いですが、もう少し具体的に、たとえば絵画のことを考えてみましょう。第一次世界大戦後に本格的な展開を見る抽象絵画とか、あるいは「シュルレアリスム」とか「キュビスム」とかいった流れ、あれはいったい何なんだろうか、と考えてみたことはありませんか？

モダニズム以前の「近代絵画」において支配的だったのはいわゆる「リアリズム」だとしますと、あれは決して見たままを素朴に描いてみたものではないことは、皆さんもご存知かと思います。よくいわれるのは「遠近法」ですね。ただ単に、遠くにあるものは小さく見えるから小さく描き、近くにあるものは大きく見えるから大きく描くという「素朴遠近法」は結構昔からある。しかし、近代的な遠近法というのはそれとは異なり、きちんと科学的に計算づくでやるわけですね（図7−3）。あるいは中世の絵画だと、一枚の絵の中に一つの物語が全部描き込まれる、つまり異なった時点に起きたはずの出来事が、同じ一枚の絵の中に切れ目なく並べられてしまうことがあったのに対して、近代リアリズム絵画においては、あたかも写真のように一瞬を切り取るという方向性が見えてくる。

以上のように考えると、近代リアリズム絵画というのは、われわれにとってはいかにも「自然」に見えるけれども、決して素朴なものではなく、考え抜かれ、意図的に構築された手法にのっとっている、ということになります。決して見たままとか、思い浮かんだままをそのまま描いてみたというわけではない。世紀末に出てきた、社会学と同時代現象ともいえる（時に「モダニズム」の先駆、あるいは広い意味での「モダニズム」の一環ともされる）「印象派」にしても、このようなリアリズムを経由した上で、あえて意図的に「見たまま」「感じたまま」をわざと描こうとする、かなりひねくれたものです。

キュビスムの試み

ではより狭い意味での「モダニズム」の場合にはどうなのか？　たとえば、シュルレアリスム絵画、日本でも有名なところでいえば、ルネ・マグリットの絵とか、あるいはサルヴァドーレ・ダリの絵というのは、いったい何なのだろうか？　現実には存在しない／存在しえないものや風景を無理やり描くという作業。あれは妄想や幻覚を垂れ流しているだけなのだろうか？　あるいは誰でも知っているパブロ・ピカソ、そして彼が代表するキュビスムというのは、いったい何なのか？

キュビスムについてよく聞く解説は、たとえば以下のようなものです――。

リアリズムの絵画が描き出そうとする対象は、三次元的な空間の中に配置された立体である。けれども、絵画は紙やカンヴァス、つまりは二次元の平面である。三次元的・立体的な対象を二次元の平面の上でどうやってうまく表現するのかが絵画芸術の勘どころの一つである、としよう。近代的な遠近法もそのための技法の一つである。三次元空間を二次元の平面にうまく投影（数学的にいえば射影）することによって、絵を見る者が平面の向こう側に三次元的な空間を感じ取れるようにしよう、というものだ。

この場合のポイントは、二次元の向こう側に三次元を見て取れるようにするために、ある特権的な一点が指定されていることである。それは「消失点」であり、絵の鑑賞者が自らの視点を置くべき点である。「消失点」は絵の中の仮想の無限遠点であり、描かれた対象はすべてその消失点に近い順に小さく縮められていく。鑑賞者がこの「消失点」に視線をあわせれば、絵はあたかも風景を切り取った窓のように見えるだろう。

これに対してキュビスムの絵画において試みられているのは、三次元空間を二次元の平面の上で表現する、まったく別のやり方であると思われる。リアリズム絵画においては、視点・視線が一つしか想定されないのに対して、キュビスム絵画においては、複数の視点・多方向からの視線が、一枚の絵に詰め込まれているのである。それが一見したところあのグロテスクに歪《ゆが》んだ表現の正体である——。

さて、右のような解釈がそれほど間違っていないとしてみましょう。ここで人間が日ごろものをどう見ているかをよく考えてみましょう。現実の世界での人間の視覚の使い方においては、じっと座って同じ位置から視線を固定して対象を見続けることはまれです。現実の世界では対象もそれを見る人間も結構動き回るものですから、人間は一つのものを見るときも、比較的短い時間にいくつかの視線を切り替えながら見るものです。人間の立体視とは、ただ単に二つの目があることによってだけではなく、視線そのもの、身体そのものを動かすことによっても支えられているのです。

このように考えるならば、キュビスムの絵画とは、実は普通のリアリズムよりもよりリアルに人間の視覚的経験を表現しようとしたものである、ともいえそうです。でもそれだけでしょうか？こんな考え方もできそうです。普通のリアリズム絵画は、素朴に見たままを描くわけではなく、主題となる対象を描く作業の前提として、二次元の背後に仮想の三次元空間を設定するという作業を実は行っていました。しかしながら、その前提となる仮想空間自体を絵の中に描き込むことはしていないわけです。そうするとキュビスムというのは、対象だけではなく対象がそこに配置される空間そのものをも描こうとする、あるいは空間それ自体を主題・対象としようとする試みではないでしょうか？

「これはパイプではない」という絵？

同様のことは他のいわゆる「前衛」絵画についてもいえるでしょう。たとえば抽象絵画とは、画家たちの頭の中にわけの分からない変な図形とか、点とか光の線とか幻覚が見えて、それを再現しようとしているのでしょうか？　そういうものも中にはあるかもしれませんが、それだけでは長続きはしません。あるいは、シュルレアリスムの絵にしても、妄想とか幻覚とか、あるいはファンタジーを描こうとしたのか。そういう人もいたでしょうけれど、それだけでは昔からある宗教画、神

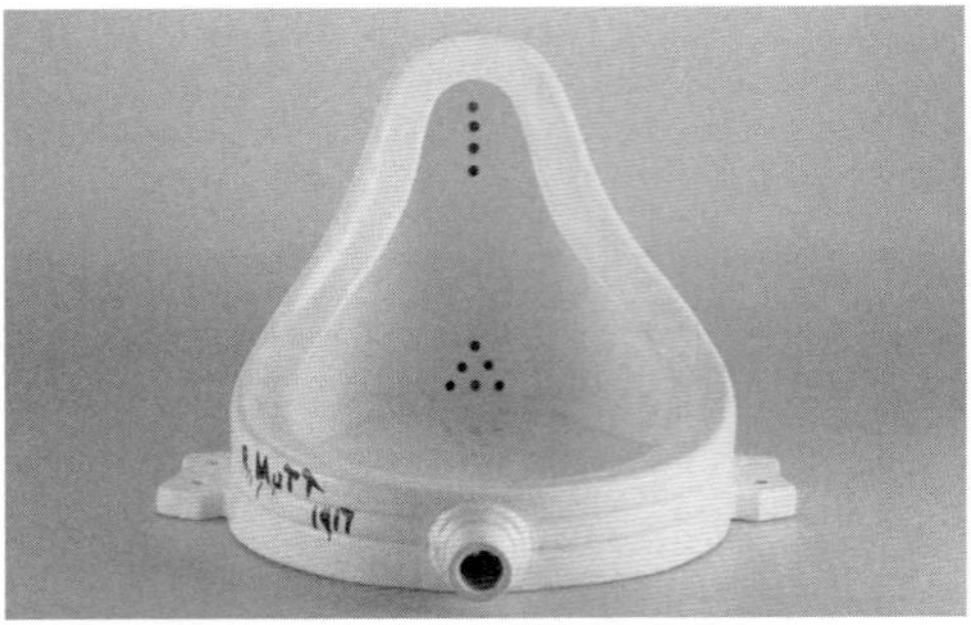

図7-4　マルセル・デュシャン「泉」（提供：ユニフォトプレス Ⓒ Succession Marcel Duchamp / ADAGP, Paris & SPDA, Tokyo, 2009）

話伝説に材をとった絵画や、それこそ今日のファンタジー小説のイラストとあまり変わらないことになってしまうのではないでしょうか?

　あるいは有名な作品として、マルセル・デュシャンの「泉」がありますね（図7-4）。「コンセプチュアル・アート」の代名詞といえるものですが、今日では現物はない。ただの便器に「泉」というタイトルをつけただけで展覧会に出品して拒絶された。またデュシャンは、レオナルド・ダ＝ヴィンチの有名な「モナリザ」に髭《ひげ》をつけて自分の作品だといってみたり、更にその後は、普通に売られているモナリザの複製画に自分のサインをつけて「髭をそったモナリザ」というタイトルをつける。これは何をしようとしているのか? 実際、皆さんもご存知のとおり、現代美術作品には、展覧会などのしかるべき場所に置かれていなければ、ただの粗大ゴミにしか見えないものがいっぱいありますね。それでは、粗大ゴミと芸術作品を分けるものは何か?

　ここで比較的分かりやすい例として、ルネ・マグリットの作品とそれに対する有名な分析を参照しましょう。マグリットは日本でも人気のある代表的なシュルレアリストで、筆遣い自体は非常にオーソドックスだけれど、その主題はまさに「超現実的」で、妄想のようでいて、その一方で理性的な計算を感じさせる変な絵をたくさん描いた人ですね。さて、彼の作品の中に「これはパイプではない」という絵（?）があります（図7−5）。何のことはないパイプの絵の下に、ご丁寧に「これはパイプではない」と説明（?）が書かれています。これはいったい何を意味しているのか？　パイプのように見えるけれども、パイプではない何か——たとえば、パイプの形を模したライター——を描いているのでしょうか？　たぶん違いますね。

ちょっと考えてみてください。たしかにいわれてみれば、「パイプの絵」はあくまでも「絵」であって、「パイプ」ではありません。ひょっとしたらマグリットは、それをいいたいのかもしれません。とすれば、この絵は「パイプ」を描いたのではなく、それどころか「パイプの絵」を描いたのかもしれないし、あるいはそれをさらに通り越して「パイプの絵とは何か？」を描いたのかもしれない。いやここまでくると、果たしてここでは何かが「描かれて」いるのかどうか、そもそもこれを「絵画」と呼んでよいのかどうかさえも疑わしくなってくる。

図7−5　ルネ・マグリット「これはパイプではない」
（提供：ユニフォトプレス © ADAGP, Paris & SPDA, Tokyo, 2009）

モダニズム文学

ここで話を文学の方にも広げていきます。パイプの絵がパイプではないのと同様に、人物画は人物ではないし、食器や果物を描いた静物画も当然、食器でも果物でもない。そして小説だって、物語を語り、事件とか人の気持ちを描いていても、事件とか人の気持ちそのものではない。当たり前のことです。更に小説を映画やまんがにしたり、逆もまた可能である、ということについて考えてみましょう。これは同じ物語をいろいろなやり方で、つまり小説で展開したりまんがにしたり、実写映画でも、あるいはまたアニメーションでも展開できるということですね。小説にしても、同じ物語を違った語り口、文体で描くことができる。まんがや映画でも同様です。

つまり文学においても、そこでの「主題」――描かれている出来事の連鎖――と、それを語る「物語」とは、パイプとパイプの絵が違うように、互いに別物なわけですね。更にやっかいなことに、同じ一つの物語を多様な仕方で小説にすることができるでしょうし、小説以外にも物語を表現できる形式はまんがだの映画だのといろいろある。このへんについて確認しておきましょう。

そうするとわれわれが考える普通の、標準的な小説というものは、決して自然で素朴なものではなく、近代リアリズム絵画がそうであったように、特別なものであることが分かります。こういう標準的な小説もまた「リアリズム」と呼ばれるわけですが、伝統的なリアリズム小説とかリアリズム絵画というのは「何か」を表現するわけです。そして「何か」を描いている以上、小説や絵画それ自体は、その「何か」ではない。伝統的なリアリズムの絵画や小説は、あくまでもある主題を描き、何かを表現しているわけだけれど、表現される対象と、表現している芸術作品とは別のものなんですね。しかし、鑑賞者はそんなことを気にしない。つまり小説や絵画それ自体ではなく、それが描く主題を観賞している――少なくともそのつもりになっている。作り手の方でも、主題をこそ鑑賞者に意識させたくて、それを表現するための媒体としての絵や文章自体は、その手段としてできるだけ中立的に、透明にしようと努力する——少しおおげさにいうとこのような感じです。

広い意味でのモダニズム芸術とは何かを考えてみると、このような主題と表現、あるいは表現の内容と表現の形式との関係についての考察がヒントになります。従来の芸術（ことに絵画や文芸）は多くの場合、「何か」を描いてきた。リアリズムはその一つの洗練された形式であるといえる。しかし「何かを描く」ということは果たして、芸術にとって必須の条件なのでしょうか？　たとえばデュシャンの「泉」はそもそも何かを描いているのか、何かを表現しているのか、ということです。もちろん、何か具体的な物事を描く、表現するということは芸術の伝統的なありようだったわけですが、あくまでも芸術の一つのやり方にすぎない。

まずは描く対象にしても、それは別に目に見える、現実に存在する対象でなくてもいいわけですよね。むしろ近代リアリズム小説においては、「現実に起こっても不思議ではないが、現実に起こってはいない出来事」が主題となることが普通でしょう。小説においてもまた絵画においても、架空の話でも想像上の生き物でも、描こうと思えば描くことができます。仮に芸術が対象を描くことだったとしても、その描きうる対象の範囲は著しく広く、自由です。そこから更にもう一歩進んでみましょう。そもそも芸術とは、何かを表現しなければいけないものなのか？　音楽の場合には直観的に分かるけれど、絵画や文芸の場合にも、「何を描いているのかさっぱり分からないけれど美しい・おもしろい」というものはありえないのか？

対象が美しいのか、作品が美しいのか

絵にせよ小説にせよ、そもそも本当に何かを表現しなければいけないのか？　ものとしての絵、つまり二次元的な紙なりカンヴァスの上に絵の具を塗りたくった「もの」を用いて、人物なり風景なり、「もの」としての絵そのものとは別の何かを表現するということが絵画芸術なのか、絵という「もの」そのものは、その主題を描くための手段、道具にすぎないのか？　二〇世紀はじめあたりから、このような問題意識が熟してきたのではないでしょうか。もちろんそれ以前から、似たような考え方は出てきていたのでしょう。たとえば、「唯美主義」「芸術至上主義」とでもいうべきスタンスについて考えてみましょう。とくに文学・小説には、何か有意義な教訓とか、人間とか社会についての深い洞察、鋭い問題提起があるのが立派な文学、よい小説だ、というイメージがありませんか？　でも、そういう意味ではまったく空虚だけど、とにかくただ単に美しい、楽しい、おもしろいというだけではだめなのかという考え方が、一九世紀後半くらいにははっきり出てきている。

更にその考え方が突き詰められると、こんなふうになります——芸術における美とは、美しい主題を描いているから美しいのか、そうではなく、作品自体が美しいのか？　美しい花を描いているから美しいのか、そうではなく、美しいのは花を描いた絵という「もの」それ自体ではないのか？　彫刻の方が分かりやすいかもしれませんね。一九世紀までの彫刻の多くは、人間とかその他の生き物とか、とにかく何か具体的な対象の立体像を作るわけです。ところが、二〇世紀以降のいわゆる「現代彫刻」では少し違ってきますよね。ぼーんと鉄の塊があったり、あるいは何だかガラクタを組みあわせたり。あれは「何か」を「描いて」いるんでしょうか？　そうではなくて、こういう

素材でこういう形を作ったその結果が、ただ単純に、純粋に美しいとか、もはや「美しさ」さえも追求されていなくて、「おもしろい」「考えさせられる」というものですね。

文芸、言語芸術においても似たような考え方にもとづく試みが出てくるわけです。そこで語られる物語が、教訓や高尚な思想を表現しているからその作品が美しいというのではなく、ただもう単純に、言葉の紡ぐイメージが美しいというのでいいではないか、といった考え方が出てきます。そこから更に進めば、イメージや意味さえもいらない。美しい「何か」を「描く」のではなく、ものとしての——音声として、あるいは文字の組み合わせとしての——言葉を組みあわせて、何か美しいものはできないのか、というのでもいいわけです。意味や情報を伝えるのが標準的な言葉の役割ですが、しゃべり言葉は音としてあって、その音としての美しさ、あるいは、字にしたときに目で見たときの美しさというのも文学の主題にならないのか、という変なことを考える。これを突き詰めると、そもそも「美」とは何か、そもそも芸術とは必ず「美」を追求しなければならないものなのか、という問題にも連なってきます。

あるいはまた、「何か」を「描く」というやり方の上に乗っかってはいても、その主題である「何か」について、またその「描き方」についても、リアリズムとはかなりかけ離れた、新しい考え方が出てくる。たとえば、人の意識というものは折り目正しい、理路整然とした文章で適切に表せるものなのか、という疑問を追求していく作家たちが出てきます。現実の人間の意識とは、矛盾や飛躍をはらんだりした断片の積み重ねで、しばしば言語化さえできないくらい混沌としているのではないか？　それをリアルに言語で描こうと思ったら、どんなことになるか？　その可能性をとことん突き詰めた例が、たとえば先に挙げたジョイスとか、あるいは麻薬中毒作家として有名なウィリアム・バロウズでしょうね。

芸術の自意識――「形式」への関心の高まり

以上を簡単にまとめますと、芸術はそもそも「何か」を「表現」しなければいけないものなのか、という疑問が浮上してきたということですね。近代リアリズムはその「表現」の方法、形式について、ある意味で非常に洗練を重ねてきたわけだけれども、その洗練はいわば「形式」そのものを透明で中立的なものにして、鑑賞者に、ひょっとしたら作り手自身にさえ、それを意識させない方向のものであった。それに対していわゆる「モダニズム」芸術は、「表現」とは何なのかについて、芸術の制作それ自体を通じて考える、という営為であったのではないでしょうか。ここで従来の意味での芸術の主題、描かれる対象を「内容」だとするのなら、主題を表現する手段であるところの絵画とか、彫刻とか、小説とか、演劇といった手法、技法、ジャンル等々は「形式」ということになります。そしてモダニズムにおいては、この「形式」そのものが芸術の関心の対象となってきます。芸術とは「何か」を「美しく」「描く」ことである、という常識が崩れてくる。しかしそれが芸術の解体・崩壊ではなく、そうした常識を疑うこと、「美」とか「表現」さえも疑うことが主題となります。ですから芸術の制作も、「絵画」とか「小説」とかいった既存の「形式」にのっとり、その枠の中で「何か」を「美しく」「表現」するのではなく、「絵画」「小説」といった枠組みそれ自体、更には「美」とか「表現」といった常識を成り立たせている「形式」そのものをいじくりまわす作業へと変化していきます。つまり芸術の「自意識」がせり出してきたというわけです。

もちろんこうした変化は、ただ単に「形式」への関心が増した、というだけではなく、「内容」のレベルでの変化とも関係があります。従来のリアリズムの透明な文体では表現できない人間の意識、更には無意識といった新たな主題がそれを要請した、という側面もあります。もっとも「無意識」という主題・対象は、まさにこの講義で問題とし続けている「形式」と切っても切り離せないものではあるのですが。

最後に、そもそもモダニズムの話を始めるときの枕にした話題でもありますので、建築について一言述べておきましょう。建築の場合には「近代建築」と「モダニズム建築」とを区別することにはあまり意味がないように見えます。ストレートに「素直な近代」に当たる潮流を建築の歴史に見て取ることが難しいからです。産業革命以降、新素材や新工法が次々に登場して、建築の世界にも当然のように大きな変化が訪れてはいたのですが、それに見あった新しい建築理念が一九世紀末まではっきりと形をとることはなかった、といってよいかもしれません。少なくとも素人目には、近世から一九世紀までのヨーロッパの建築理念は、ルネサンス的な、古典古代のギリシア・ローマをお手本とするある種の「古典主義」に見えてしまいます。

それに対して一九世紀末から二〇世紀はじめにははっきりした転換が起きますが、その意義は前時代までの建築との対比で見るよりも、同時代の芸術・文化潮流とのシンクロにおいて見た方が分かりやすいでしょう。今日的な高層ビルの理念の父ともいうべき有名なル゠コルビュジエの仕事などにはっきりと体現されていますが、それはもはやある場所に——大地の上、空間の中に——家や建物を建てるというより、空間そのものを組織することを志向しています。今日的な高層ビルの理想は、極端にいえば、縦にも横にもどこまでも際限なくまっすぐに広がり、空間を均質化する、というものでしょう。モダニズム建築は、ものを作るのではなく、ものがその中に存在する「空間」そのものを作ることへとシフトしようとする運動なのです。

さて、芸術の話はこれくらいにして、社会学も学問、つまり社会科学の一翼を担っているわけですから、次回は学問の世界の中での「モダニズム」の対応現象について考えてみましょう。ぼくの意見では社会学の確立自体がこの学問における「モダニズム」のまさに一例であるわけですが、もちろんそれ以外の領域についてお話ししておかなければ、皆さんも納得できないでしょう。

第8講●学問におけるモダニズム

ユークリッド以外の幾何学の発見

前回は芸術、文学におけるモダニズムについて論じてきたわけですが、今回は予告どおり、学問（科学）におけるモダニズム、とでもいうべき問題系についてお話ししていきます。社会学を生んだ時代背景であり、学問的な潮流になりますので、分野は違えどその発想の革新性に着目しながら読み進めてください。「モダニズム」といえば普通は文学、芸術について用いられる言葉ですが、同じ時代精神が実は科学技術にも浸透していたのです。歴史をひも解けば、一九世紀から二〇世紀初頭において重要な科学的革新がたくさん起きていることはすぐに見て取れます。何といってもこの時代、物理学における相対性理論の登場と量子力学の出現という二つの革命的変化がそれぞれ独立に起きて、従来のニュートン的な古典物理学をある意味でひっくり返したことはよく知られていますね。

でもそれは今回は措いておいて、数学の話をしようと思います。数学の世界でも、この時代が「近代数学」から「現代数学」への転換期である、とよくいわれているのです。

「社会学入門」というこの講義の趣旨上、また数学の専門家ではないし、アマチュアの数学ファンでさえないぼくの能力上、それほど突っ込んだ話はできないのですが、おおざっぱにこういうイメージで考えてみてください。古典的な数学というのは、普通の科学と同じように、目の前に現実に存在する対象としての「数」ならびに数と関係するその他の数学的な対象の性質を調べていく、という感じで進んできました。ただし「数」などの数学的対象が石ころや空気や生き物や天体と同じような意味で「存在」しているかどうか、については悩ましい問題がもちろんありました。それでもこの謎が数学にとっての深刻な障害となることはありませんでした。

その理由は主として、ある時期までは学問間の境界線はそれほど厳密ではなく、数学者の多くは同時に哲学者であったり、物理学者だったりしたことにあると思われます。デカルトやパスカル、ライプニッツやニュートンといった人々のことを考えてみればよいでしょう。つまり実際に手を動かして数学をする一方で「数とは何か?」と悩んでみたり、あるいは数学を同時に他の科学のための道具として用いたり、ということを同じ一人の人が同時にやるのが当たり前だったのです。

その後数学は哲学や他の科学から離れた独立の分野として自立し、数学者は数学だけをやる、という時代が一八世紀から一九世紀あたりには訪れます。しばらくはそれでもよかったのですが、一九世紀後半ごろ、非ユークリッド幾何学や集合論といった新しい分野の成立とともに、更にまた事情は変わってきます。

幾何学、すなわち図形だとか空間の性質について考える数学、について考えてみましょう。われわれが高校までの数学で習う幾何学は、いわゆる「ユークリッド幾何学」です。その体系は、「公理」と呼ばれる、それ自体は証明不可能ないくつかの大前提を天下り的に真実だと受け入れ、「仮にそれが真実だとしたらどうなるか?」と推論を次々に重ねていく、という形で作られています。この推論の過程がいわゆる「証明」であり、証明された結果は「定理」です。つまり「定理」とは無条件の真理なのではなく、(1)前提となっている公理は真理である、(2)推論過程はごまかしや飛躍のない正当なものである、という二つの前提が真理であるとしたら、それもまた真理であるというにすぎない、条件つきのものなのです。

さてユークリッド幾何学の場合は、出発点となる公理の中で重要なものが「平行線の公理」、すなわち「ある直線の外側のある一点を通り、もとの直線に平行な直線は、一本しか引けない」というものですね。これは「公理」であって証明できる定理ではない。ただしわれわれが生きている現実世界で、われわれが使える範囲の道具で作図したり、ものを作ったりして確かめる範囲では、どうも真理に思える。というわけでそのまま皆、受け入れてきたわけです。

ところが一九世紀になって、非ユークリッド幾何学というものが成立した。「平行線の公理」を否定して「もとの直線に平行な直線は一つもない」という公理から出発しても、あるいはまた「もとの直線に平行な直線は無数にある」という公理から出発しても、それぞれ立派に一貫した幾何学の体系ができてしまう、ということが分かってしまった。それが数学者の頭の中のお遊びだったらまだよかったのかもしれないが、その後、二〇世紀にアインシュタインの相対性理論や量子力学といった新分野が出てくると、従来はユークリッド幾何学という道具で十分だったはずの物理学が、ユークリッド幾何学以外の数学を必要とする、ということが分かってきました。

徹底した公理主義

さて、この「公理から出発して証明を積み上げていく」というやり方自体は、古代のユークリッドにおいてかなり完成度が高い形で提示されていたのですが、一九世紀末から二〇世紀はじめにかけて、幾何学だけではなく数学の全分野をこの方式で体系化しようという研究プログラムが影響力をもちます。主唱者ダーフィト・ヒルベルトの名から「ヒルベルト・プログラム」と呼ばれるものです。

ここで注意すべきは、この考え方は非ユークリッド幾何学以前的な、「公理」を「証明不可能ではあるが、現にそこにある真理」とみなす立場からきているのではない、ということです。何しろこのプロジェクトは、非ユークリッド幾何学の成果がもう否定しようもなくなった時代のものです。公理は無条件の真理などではなく、ひょっとしたら単なる偏見や思いつき以上のものではないかもしれない。ヒルベルトは、「平行線の公理の否定の上にも、一貫した別の幾何学が築けた」ということを頼りに、数学の根拠・基礎を「公理それ自体の自明な真理性」にではなく、「それ自体は無根拠かもしれない公理から、一貫して矛盾のない数学を作り上げられるという体系性」に求めている、ということです。こうした姿勢はこれまでのこの講義での用語法を使えば、「証明できないけれども自明な真理である公理」から出発する「内容」重視の数学観から、「それ自体は無根拠かもしれない公理」から出発し、論証プロセスの一貫性にすべてを賭ける「形式」重視の数学観への転換である、といえましょう。

もう少し異なった角度から述べてみましょう。ユークリッド幾何学以外の幾何学が（それも無数に）見つかったということは、何を意味するでしょうか？　伝統的には、幾何学とは図形を対象とする数学であったわけです。更にいえば、図形がそこに存在する場所や地平、すなわち「空間」の性質を研究する学問である。しかしユークリッド幾何学以外の幾何学が無限に発見されることによって、幾何学は、唯一無二の（ユークリッド）空間を研究するのではなく、複数の、多様な空間を研究しなければならなくなります。

言葉を換えれば、広い意味での幾何学は、ただ単に空間とその中に存在する図形を研究するだけではすまず、複数の空間を研究しなければならない。それは何を意味するかというと、多様な空間をそれでも同じ「空間」と呼ばなければならないその理由――ユークリッド幾何学しか知られていなかった時代には、誰も想像さえしなかった問題――についても研究しなければいけない、ということです。つまり幾何学は今や、ただ単に空間について研究するだけではなく、空間と空間の間にある関係、空間・間の秩序、空間の集合についても研究しなければならないのです。言い換えれば、今や広い意味での幾何学は、ユークリッド的なものもそうでないものも含めた複数の幾何学それ自体を対象とする、メタ幾何学でなければならないのです（「メタmeta」という接頭辞は、「何々についての」というほどの意味だと理解してください。「メタ幾何学」という言葉づかいで、ここでは「幾何学を対象とする学問」を意味しています）。

「公理的方法」を基調とするヒルベルト・プログラムは、ユークリッド幾何学の中にあったような、自明な唯一の秩序の夢が破れた後に、「公理」が自明ではなく、「お約束」でしかないかもしれないことを自覚した上で、矛盾なく一貫した体系としての数学を構築しよう、というヴィジョンです。それが芸術におけるモダニズムと同様の「**自らのよって立つ基盤、自分たちの活動を可能としている何者かそれ自体の正体を知り、それを何とか手なずけたい**」という衝動に駆られていることには、疑いの余地はありません。われわれ門外漢の一般人にとっても名前だけは有名な、クルト・ゲーデルの「不完全性定理」の証明も、これに関係しています。

フロイトと精神分析

そしてもう一つ、この「モダニズム」の時代精神を示す例として、「精神分析」についてお話ししましょう。「精神分析」なる新しい営みを創始したのは、いうまでもなく、有名なジグムント・フロイトですが、彼はもともとは神経科医です。つまり精神分析は、あくまでも精神医学の一種、つまりは新しいタイプの神経科学、そして新しい心理学として始まりますが、その後従来の神経科学にも心理学にも還元できず、むしろ断絶して新しく独立した科学であるかのような色彩を濃くしていきます。

実のところ、今日の精神医学や心理学においては、精神分析は「過去の遺産」扱いされている、といってよいと思います。現代の精神医学においては、俗に「生物学的精神医学」と呼ばれる潮流が、非常に大きな力をもっています。もともと素人目には、医学は「人間を対象とする応用生物学」にしか見えませんが、医学者自身の自意識からすれば、実際には医学は非常に長い間、体系的な科学というよりは、経験にのっとった職人芸の域を出なかったそうです。しかしながら二〇世紀後半、ことにＤＮＡの発見以降、遺伝や細胞内のミクロレベルのメカニズムが本格的に解明され、脳神経活動の新しい観測技術が登場し、神経科学が飛躍的に発展することによって、生物学的に基礎のちゃんとある科学として医学を作り直そうという、新しい動きが本格化します。

付言するならば、これは何も華々しい新発見や新技術だけによって支えられているわけではありません。たとえば病気の研究においても、かつては「なぜ病気が起きるか」という直接の原因――細菌やウィルスとか、化学物質とか、遺伝子とか――を突き止め、それをどうやって除去して常態に復せしめるか、が中心的な課題だったわけですが、近年の「進化医学」という考え方では、もっと視野を広げます。そして「一見病気、あるいは病気にかかってしまうという性質は、生存のチャンスを低めるため、進化、自然選択の過程の中で除去されていくように思われる。にもかかわらずそういう性質は厳然として存在する。その進化論的根拠は何か?」、つまり「一見（少なくとも短期的に、個体レベルでは）有害無益な病気（にかかってしまうという性質）にも、進化論的なメリットがあるのではないか?」という問いかけがなされるようになりました。これによって伝統的な病理学と、より広い進化生物学との間に共通の土台ができたわけです。

話がそれました。こうした生物学的基礎づけの動きは、精神医学においても例外ではありません。いわゆる「精神病」というのは神経疾患――少なくともそれを含むもの――であるから、「精神分析」がやっているような、面接しておしゃべりするだけの心理療法ではだめだ、と今日の生物学的精神医学では考えます。この見地からすれば、「精神は脳や神経から独立した一つの世界である」かのように考えて、治療もそのレベルで完結するかのようにストーリーを展開している精神分析は、基本的に間違っている、ということになります。

また医学を離れて心理学の方から見ても、そもそも現代の心理学は、知性・行動の総合科学になってきており、その研究対象は人間のみならず、行動し世界を認識する主体一般、つまりは動物や更には人工知能・ロボットまでも含んでしまう。そういう心理学の立場からも、あくまで人間の精神の次元の固有性にこだわる精神分析は、時代遅れに見える。そのあたりの事情を十分わきまえた上であえて申しますが、それでも精神分析は、二〇世紀において非常に大きな意味をもったことは否めません。まさにそれは、時代精神の産物でした。

精神分析の歴史的意義――無意識の発見

精神分析による偉大な革新の意義は否定できません。フロイト的な精神分析それ自体は過去のものとなったとしても、それがやろうとしたことは別の形で今日の精神医学や心理学に継承されています。その課題とは「無意識」の発見です。一九世紀末ごろの心理学は、一応哲学から分離して、独立した科学として確立されつつあるとはいえ、その基本的な方法論は「内観」でした。つまり、人間の精神活動は、直接には観察できない。他者の精神そのものを見ることは決してできない。誰にとっても、直接観察可能であるのは自分の心だけであり（これがすなわち「内観」）、他人の精神については、自身による「内観」を言葉に出して報告してもらうことによって、間接的に観察するしかない、というわけです。

こういうやり方のいかがわしさを克服しようという試みはいくつかあり、その一つは「行動主義心理学」と呼ばれています。この人たちは、少なくともその第一世代では非常に極端な理論的・哲学的主張をした。つまり、観察可能であるのは行動だけであり、心を観察することはできないのだから、「心」などという概念なしに、外的な刺激とそれに対する人（そして動物）の反応、その両者の関係だけについて考えていれば、心理学はそれでかまわない、という態度を打ち出したのです。心理学は純粋に行動の科学であり、そこに「心」という概念は必要ない、と。

精神分析はこれとはいわば反対の方向から、「内観」的心理学を批判しました。フロイトの場合、「心」の概念の必要性を疑ったわけではない。ただ「人間の心とは何か？　それをどのように科学するか?」と考えたときに、「内観」には必ずしも絶対の信頼を置くわけにはいかない、とフロイトは考えたのです。人間にとって、自分で自分の心はたしかにある程度は観察可能だけど、それも「ある程度」でしかない。実は人間の精神活動の中には、自覚されず、意識に上らせることのできない、つまり自分では観察（内観）できない膨大な領域がある、と考えた。そしてこの観察されない膨大な精神活動を「無意識」と呼んだわけです。

たとえば「抑圧された記憶」というアイディアがフロイトとともに出てきます。「忘れちゃった」と自分では思っており、事実意識することはできないけれど、実は消滅してはいない「抑圧された記憶」が、自分の知らないところで自分の現在の精神に影響を与えている――フロイトはノイローゼのメカニズムをそのように理解します。「忘れた」ということは、「脳から消えた」ということではない。「脳から消えていない」という意味では「忘れていない」けれども、しかし「意識」には上らない。なぜ意識に上らないかというと、思い出したくない嫌な記憶、つまり、「トラウマ」になるようなものだからです。「思い出したくない」とはいっても、簡単に忘れることはできない、けれども忘れる努力はしている。そうやって、意識に上らないようにすることができた記憶、これが「抑圧された記憶」です。

けれどもそれは「抑圧している」だけであり、「消えた」わけではないから、うっかりすると思い出してしまうかもしれない。それでストレスがかかる。あるいは、本来普通の記憶だったはずなのに、そこを無理やり思い出せないようにしてしまうわけだから、そういうストレスもかかる。フロイトはノイローゼを、おおむねこのようなメカニズムで起きるものと理解します。

モダニズム精神との共鳴

以上のように、フロイトは「**人間の精神には自分ではどうしようもない領域がある**」という認識に到達した。これと「モダニズム」の、そして社会学の問題意識とは、たしかに共鳴しあっています。どういうことか? ここで無意識とは、自分で自分を自覚的に制御する、意図的な行為の主体としての人間の精神を、前もって拘束するものとして捉えられているからです。「人間は自分で自分のことがよく分かっている」という幸福な自己認識が崩れ、「いったい人間＝自己とは何か?」という問いかけが心理学において本格的に浮上する。結果的には否定され、克服の対象とされてしまったとしても、このことをもってしてフロイトの精神分析は歴史に残るのであり、またそれは同時代のモダニズム芸術、数学・哲学の核心、そして社会学の成熟と呼応しあってもいるのです。

では、いい加減「前置き」が長くなってしまったので、次回からいよいよ社会学本体のお話に入りたいと思います。すでにしつこく繰り返してきたように、この時代は何といってもデュルケムとウェーバーの時代です。もちろん細かくいえばこの他にも、ドイツではゲオルグ・ジンメルにフェルディナンド・テンニエス、フランスではガブリエル・タルド、イギリスではハーバート・スペンサーにウェッブ夫妻、アメリカではウィリアム・グレアム・サムナーやチャールズ・クーリー、イタリアでは経済学から転じたヴィルフレート・パレートなどの業績が、強烈な個性をもって今日なお再読され続ける「古典」となっているわけですが、それでもこの二人の存在感はずば抜けている。それはなぜかといえば、一つには彼らの生産力が旺盛でたくさんの著作を書いたこと、また学界活動も活発に行い、多くの仲間を作り、弟子を育てたことが大きいでしょう。しかしそれ以外にも、彼らの学問がここまで述べてきたような広い意味での「モダニズム」と非常に分かりやすい形で共振していたことがあるのでは、とぼくは考えています。彼らはどちらも自分たちの生きる時代、一九世紀末から第一次世界大戦の時代を一種の「危機」として捉えていて、その危機への対応として自分たちの学問＝社会学を打ち立てようとしていました。

そこで次回はまずこの社会学二大巨頭のうちの一人、デュルケムから見ていきましょう。

第9講●デュルケムによる近代の反省——意味の喪失への眼差し

エスタブリッシュメントとしての社会学の確立

今回はエミール・デュルケムについてお話しするわけですが、その前に少し前置きが必要ですね。「社会学」という言葉自体はすでにお話ししたように、一九世紀半ばにオーギュスト・コントが作ったわけですし、ドイツ語圏においても、Soziologieなる語が一般化する前にGesellschaftslehre——直訳すればこれもまさに「社会学」——なる題目のもとで社会問題・社会運動について研究していた人たちがいました。そういう人たちの仕事はたとえ「社会学」を名乗っていなかったとしても、一九世紀にデュルケム、ウェーバーらの尽力によって、大学の講座や学会組織をもった学問としての「社会学」（それはコント由来の名称を名乗ってはいても、いくぶんコントのそれとは性格を異にするものになってもいたのです）ができあがってから、「社会学の先駆者」として「社会学史」の中に取り込まれます。

そうした先駆者たちの中で重要な存在は、すでに言及したモンテスキューやスミスの他に、この講義では触れるチャンスはないのですが、フランス人のアレクシス・ド・トクヴィルが挙げられます。彼はフランス革命の社会的原因や、革命前後でフランス社会のどこが変わり、どこが変わらなかったかを考える『旧体制と大革命』や、若きアメリカ合衆国への旅行の見聞をもとに書かれたアメリカ社会論・民主主義論の古典『アメリカのデモクラシー』で知られています。しかし、やはり突出した存在感を示しているのがカール・マルクスです。そしてデュルケムや、とりわけマックス・ウェーバーの研究の意義を理解するためには、マルクスとマルクス主義の歴史的・学問的意義について理解しておく必要があります。今回の講義もそのへんを念頭に置きながら進めていきます。

学問と政治の峻別

デュルケムもウェーバーも、大学人として、学問としての社会学を大学制度の中に位置づけ、学会などの研究組織を作ることに尽力した人たちであって、政治家、社会運動家であるとは言い難い。ウェーバーは結構、派手な政治的立ち回りをしているのですが、その社会科学方法論的な著作においてしばしば強調される「客観性」や「価値自由」という言葉に表されているように、自分の政治的・倫理的立場と、科学研究とを峻別しようとした。科学者といえども生身の人間であり、自分の政治的、道徳的、そして宗教的な価値観から自由になることはできず、そうした自分の価値観の眼鏡を通してしか世の中を眺めることはできない。しかし、だからこそ自分固有の価値観や信念が研究の中身を歪めないようにし、価値観を異にする他人にもその妥当性を認めてもらえるような客観性をもたせなければならない、としつこいくらいウェーバーは繰り返します。

デュルケムもまた、書斎・研究室に閉じこもっていたわけではありません。彼は、フランス社会を二分する大騒ぎとなったドレフュス事件においてドレフュス擁護派の大物知識人として活躍しています——ちなみにドレフュス事件とは、ドレフュスというユダヤ系出自のフランス軍将校がスパイとして告発され、ろくな証拠もなしに有罪とされ、再捜査によって冤罪《えんざい》であることが明らかになったにもかかわらず、軍や政府はメンツのために再捜査の結果をもみ消し、そのまま押し通そうとした。これに関連してユダヤ人迫害事件も続発し、国全体を揺るがす大騒動となった事件です。しかしデュルケムは、やはり社会学を自然科学に比肩しうるような客観的な実証科学として確立することに注力し、学問と政治をはっきり区別しようとします。

デュルケムやウェーバーらの立場は、ただ単に個人の信条の問題であったのではなく、また「およそ社会学が科学たらんとするならばかくあるべし」という科学方法論上の正論としてのみあったわけでもないでしょう。おそらくは、どうしてもある一定の政治的立場、価値観へのコミットメントが避けがたい政治学や経済学と、新興科学たる社会学とをはっきり区別し、社会学のアイデンティティを打ち立てようとするものでもあったでしょう。

社会主義が社会学に与えた影響

というわけで、彼らの社会学はとりあえず、積極的に「こういう社会が望ましいから、その実現に向け努力しよう」という思想運動としての「社会主義」とはまったく別物です。実際、科学者としてではなく思想家として彼らを見たときにも、デュルケムやウェーバーを「社会主義者」と呼ぶことはできません。ウェーバーははっきり「自由主義者」を名乗ったわけですし、デュルケムもどちらかというと「自由主義者」ですし、仮に社会主義者であったとしても、右に述べたような理由から、自分たちの政治的立場と学問そのものを峻別したでしょう。しかしにもかかわらず、彼らの学問と社会主義とは、決して互いに無関係ではない。

すでに見てきたように「社会学の先駆者」を探そうと思えば、いくらでもさかのぼることができます。しかし固有の意味での「社会学」という学問がこの時代にできたことには、やはり理由があるのです。つまり、一九世紀に「**社会主義**」という運動、思想潮流が出てきて、その中でも世紀後半にはとりわけマルクス主義の影響力が大きくなってくるという歴史の展開を受けて初めて、社会学という学問が独立の分野として誕生するといえるのではないかと思います。社会運動とか政治運動ではなしに、あくまでも「学問」として社会主義の問題提起を引き受ける。そういう意味で「社会学成立の機が熟してきた」のがこの時代なのだというふうに考えることができる。

たとえば、デュルケムの場合。彼はユダヤ系のフランス人ですが、実は歴史的に見れば社会主義の中心は、マルクスを輩出したドイツよりはむしろフランスです。マルクス自身、若いころにフランスに亡命してきて、そこでフランスを含めた各国の社会主義者や無政府主義者たち、あるいは労働運動家たちと交流して、大きな影響を受けているのですから。またマルクス登場以前の一九世紀前半の社会主義の歴史についての教科書的な文献を見てみれば、出てくる名前はロバート・オーウェンとかサン・シモンとかシャルル・フーリエ、あるいは（無政府主義者にくくられることも多い）ピエール・ジョゼフ・プルードンなどですね。オーウェン以外は皆フランス人です。だからデュルケムは、非マルクス主義的な社会主義には十分親しんでいる。更にいうならば「社会学sociologie」という言葉を作ったコントはサン・シモンの弟子です。というわけで人脈的に見ても、社会主義と社会学との間には継承関係のようなものがある。だから、思想・運動としての社会主義は当然、デュルケムの背景になる。

アノミーというアイディア

それでは、実際に著作に即して見ていくことにしましょう。

デュルケムの一番有名な本は、おそらく『自殺論』でしょう。ここでデュルケムは自殺という現象を分析するにあたり、一人ひとりの人生に分け入るのではなく、どちらかというと一山いくらの大量現象として、統計的に観察します。個々のケースをとってみればそれこそ「人生いろいろ」で、具体的には種々雑多な個人的な事情があるだろうが、それを超えて、一見しただけでは分からないが実は共通に何かが存在するのではないか、とデュルケムは問いかけます。一見バラバラに見える自殺者たちの間に共通する事情があるのかないのか、あるとしたらそれは何かを考えます。つまりは個々の自殺の背景にあるたくさんの自殺者たち、およびその周囲のもっとたくさんの自殺しなかった人々が共有している社会的な問題は何かを解明しようとするのです。

そのための理論的な道具立てとして、デュルケムは「**アノミー**」というアイディアを提出します。アノミーというのは「規範や意味の喪失・解体」くらいの意味だと思ってください。この講義での言葉づかいに従えば「社会的に共有された「形式」の、拘束力・信頼感の喪失・解体」ということになります。つまりは人が生きる上で頼りにしていた伝統や、慣習や、道徳の拘束力、そして説得力がなくなっていくという現象です。デュルケムは近代社会における自殺の背景には、この「アノミー」があると考えるのです。

実はこの『自殺論』の基本アイディアは、それに先立つデュルケムの最初の大著『社会分業論』で提出されていた論点を更に詳しく展開したものです。デュルケムは、近代社会（という言葉づかいはあまりしていないので、おおざっぱな「意訳」と考えてください）においては伝統的な社会に比べて自殺が多いと考えます。そしてこの自殺の増加を「アノミー」と結びつけて理解します。ではアノミーを発生させる要因は何か？　デュルケムの学問的生涯の出発点にして基本プランともいうべきかの大著のタイトルを見れば一目瞭然ですが、問題は「分業」です。一八世紀の啓蒙知識人たち、そして何よりアダム・スミスの『国富論』以来、分業の発展が近代社会を特徴づける現象としてクローズアップされるようになりました。

近代化による社会的連帯の解体

誰でも分かっていることとは思いますが、確認しておきましょう。資本主義的市場経済が発展していく中で分業が進行し、人々がやることがバラバラになっていく。かつては一つの家の中で自給自足的に行われていたさまざまな仕事が、主として市場というネットワークを通して外部に移転される。各人は生活に必要なものを何でも自分で作るのではなく、比較的得意な一つの仕事に専門特化してそれだけに従事し、自分でもっていないもの、作れないものは、自分の持ち物・生産物と交換に他人から得る――スミス以降、市場はこのようなメカニズムとして理解されます。こうした分業による専門化によって、ものづくりの効率、つまり生産性が上がり、人々の生活水準が上がっていく。けれどもその反面、分業の副作用というものもある。スミスは分業の結果、人々の仕事が単純になり、そうした単純作業を毎日繰り返しているうちに、人々はどんどん愚かになっていくのではないかと危惧しています。のちにヘーゲルやマルクスは、それはただ単に知性の衰退・愚鈍化というにとどまらず「疎外」(人間性の喪失)、そして社会的な連帯の解体というべき事態なのではないか、と考えるわけです。

「連帯の解体」とはどのようなことか? スミスによれば、市場経済のもとでは、人々は自分の利益を追求するだけでいい。それでも「見えざる手」の機能によって、社会的な調和が保たれる、とスミスは考えたのです。しかし反面、そうした市場が支配する社会では、人々は他人と協力しあい助けあうことの価値を見失いがちになるのではないでしょうか? 更に分業が発展していくということは、全体社会の見通しが悪くなる、ということでもあります。つまり、社会全体の中での一人ひとりの仕事の意義が見えにくくなるし、その中にいて、実は知らないうちに自分の生活を支えてくれている、自分もまた知らないうちにその暮らしを支えているはずの他人たちの姿が見えなくなる。

デュルケムと並ぶ社会学中興の祖であるウェーバーは、経済のレベルでの分業のみならず、人間社会におけるさまざまな文化領域の間で専門化と引換えの相互断絶が進行していくことを近代社会の宿命として指摘します。すなわち、政治と経済が分かれ、学問と芸術が区別され、さらにそれらと宗教との間にも一層深い断絶が生じていく状況です。経済においては、スミスが「見えざる手」と呼んだ市場の自己調整的なメカニズムが確立していくわけですから、それによって経済と政治とは分離されていく。更にそれに先立ち、そもそも政治の主体としての近代的な国家は、宗教改革によって、教会の支配から独立することによって確立してくるわけです。このような近代の「合理化」の進展によって、世界は「意味」を失っていく。より正確にいえば、世界の中に自らの存在の意味を、また自分にとっての世界の意味を見出すことがどんどん困難になっていく、とウェーバーは論じています。

しかしウェーバーについては、詳しくは次回にお話しすることにしましょう。ここでいいたいのは、一九世紀の社会主義とはまさに、このような「資本主義的市場経済の発達がもたらす、社会的連帯の解体の危機」という問題意識に立った思想・運動だった、ということです。社会主義者たちが市場経済の展開に対して覚えた危惧は、一つには市場経済の中での分業の展開による社会の断片化・連帯の喪失であり、いま一つは、これと深くかかわっていますが、市場経済が同時に大きな経済的不平等をもたらす、ということでした。生産力が上昇し、社会全体が豊かになっていくにもかかわらず、その富の分配が貧しい者たちには十分に行きわたらないという不満もまた、社会の連帯感を弱めます。ですから社会主義とは、おおざっぱにいえば、主に社会における富の分配を平等化して、そのことを通じて、弱りつつある社会的な連帯を再生しようという発想です。

デュルケムの学問的生涯もまた、このような問題意識によって貫かれています。初の大著『社会分業論』はそのタイトルが示すとおり、まさにこのテーマに正面から取り組んだものですし、『自殺論』はその中で示された問題の一つをより掘り下げたものです。

	環節的社会	組織的社会
社会の様態	分業の未発達な社会	分業の発達した社会
社会的な結合	機械的連帯	有機的連帯

表9–1　デュルケム『社会分業論』の基本アイディア

「機械的連帯」と「有機的連帯」

『社会分業論』のカギとなるアイディアは、ぼくの見るところ「機械的連帯」「有機的連帯」のコントラストです。デュルケムによれば、分業が発達する前と後とでは、社会の規模が大きくなるのみならず、構造的な変化も起きます（表9－1）。分業が未発達な社会をデュルケムは「環節的社会」と呼び、そうした社会における人と人とのつながり、社会的な結合のありようを「機械的連帯」と形容しています。「環節」とはたとえば昆虫などの節足動物の体節のことですが、このような言葉づかいでデュルケムがいい表したいのは「分業が未発達な社会では、後の分業が発達した社会とは異なり、人々が従事する仕事にそれほど大きな違いはなく、共同生活の単位も小さく、同じ単位に属して暮らす人々は互いに顔見知りで気心も知れ、同じような価値観・感性を共有している」ということです。

人間同士の社会的連帯の基礎にあるのは「集合意識」であると『社会分業論』でデュルケムはいっていますが、これは別にオカルト的な意味での「霊魂」みたいなものが個々人を超えて社会全体で共有されているわけではなく、この講義での言葉づかいを用いるなら、まさに「社会的に共有された「形式」」あるいは「意味」というほどのものです。デュルケムによれば分業が未発達な「環節的社会」においては、この「集合意識」、すなわち人々の間で共有され、互いを協力させ、共存させるための価値観や慣習やルールのことで、体系の構造はわりあい単純です。それはただ単に個々人に対して、すでにある社会の常識をそのまま受け入れ、伝統に従い、全体としての社会に奉仕すること以外はほとんど求めません。つまりは個人の独自の存在意義とか尊厳とか自由とかいったものは認めないわけです。そうした社会にももちろん、個人の自由がないわけではないでしょうが、それは積極的に認められたものというよりは単なる見逃し、お目こぼしである。

それに対して分業が発達する近代社会、デュルケムの言葉でいうと「組織的社会」（ちなみにフランス語で「有機物」はorganismeで「組織」はorganisation、英語でもorganismとorganizationですから、デュルケムは分業の発達した社会をorganic、organizedな社会と考えているわけですね）ではどうなのか？　さてここで、単純に「分業が発達した巨大で複雑な社会では、伝統や常識の拘束力・説得力が弱くなって、社会は解体の危機に瀕する」というような話をデュルケムがしているのかといえば、もちろんそんなことはありません。社会主義においても、そのような考え方は必ずしも多数派ではない。近代の「組織的社会」においてはより洗練された「有機的連帯」が、「機械的連帯」にとって代わる——のではなく、それを補完し上書きする形で発達する、というのがデュルケムの主張です。

デュルケムは「機械的連帯」と「有機的連帯」の違いについて、法律を例にとって説明します。デュルケムによれば、より基本的かつ原始的な法律は刑法中心で、しかもその中心は、個人の生命や財産を守るのではなく、共同体全体の秩序や信仰を守るものであり、殺人や窃盗などより、宗教上のタブー破りを厳しく罰するようなものです。これに対して、分業が発達した組織的社会においては、民法が発達します。民法は社会全体の秩序ではなく、その一員である個人や家族や団体の権利を守ることをこそ主眼としています。ルール違反（刑法なら「犯罪」ですが民法なら「不法行為」ですね）についても、違反者を罰することよりも、違反者の行為によって損害を受けた被害者の救済を目標とします（不法行為に対する損害賠償）。もちろん刑法においても守られるべき対象としての個人の存在感が格段に増します。

そもそも分業・専門分化が発達する「組織的社会」においては、自給自足度の高い「環節的社会」に比べて、個々人の社会全体に対する依存、人々の間の相互依存の必要性はより高まっているのです。そしてデュルケムの考えるところでは、それにあわせて「集合意識」や連帯の性質もより複雑な「有機的連帯」へと変わっている。すなわち、人々を同じ鋳型にあてはめて順応させるのではなく、それぞれの個性を承認し、尊重しつつ互いを協調させるような仕組みが発達してきている、というわけです。

ロマン主義・自由主義・社会主義

ところで、先に述べたような、いわば「近代化」に否定的で、それによって失われたものの価値を称揚する考え方は、しばしば「**ロマン主義**」と呼ばれます。そして容易に想像されるように、このようなロマン主義者はしばしば、「伝統に還《かえ》れ」と主張する復古主義者であることが多いのです。ただし「復古主義」イコール「**保守主義**」とはただちにはならない。左翼あるいは進歩主義的なロマン主義者も例外的ではあれいるし、とくに二〇世紀以降の保守主義者のほとんどは、とうてい復古主義者とはいえない、というのがややこしいところです。ロマン主義においてむしろ支配的であるのは、政治や社会から撤退し、距離をとり、美的な理想の世界に避難するという選択でしょう。しかしそれは逆説的にも、個人主義へとつながる選択でもあります（これがなぜ逆説であるかは後述）。

分業の発達、そしてウェーバー風にいえば「合理化」という歴史的傾向、平たくいえば「近代化」に対してどのような姿勢をとるかによって、近代におけるさまざまな政治・社会思想上の潮流が分かれてきます（表9‐2）。非常におおざっぱにいえば「**自由主義**（リベラリズム）」とは、このような「近代化」をもっとも留保なく歓迎する立場、過去の伝統や常識の拘束力が弱っていくことを肯定する立場です。ですからこれが近代政治・社会思想の「正統」「（保守）本流」だといってもよい。

ロマン主義	自由主義	社会主義
近代化に否定的	近代化に肯定的	近代化に肯定的
社会的連帯に消極的	社会的連帯に消極的	社会的連帯に積極的

表9‐2　ロマン主義・自由主義・社会主義の比較

スミス以降の経済学のメイン・ストリームには、それがいかに厳密な科学であるかを目指し、実際に社会科学の中ではずば抜けて、理論的に厳密かつ実証的に重厚な科学として成功していようとも、それでもどうしようもなくこの「自由主義」の匂いがまとわりついています（別にこれは経済学をクサしたくていっているわけではありません）。いうまでもないことですが、自由主義者はこのような立場をとる以上、伝統の拘束力の弛緩《しかん》を償うために、社会的な秩序と連帯を支える力として、個人の知性と勇気に期待を寄せざるをえません（先に述べた「ロマン主義の個人主義への加担」が逆説であるのはこういうわけです。つまり、ロマン主義が個人主義に加担してしまうということは、その主敵であったはずの近代の拒絶が難しくなる、ということでもあります)。また、個人の間の同意に法と秩序を基礎づけようとする、ホッブズやロックなどの社会契約論は、「自由主義」などという言葉が生まれるはるか以前のものですが、典型的に自由主義的な政治理論とされるわけです。科学における方法論的個人主義と、社会思想のレベルでの個人主義——つまり自由主義——とは、前にも触れたように、それこそ区別はしなければなりませんが、やはり親和性は高いのです。

こうした自由主義の楽観論への批判として、先に触れたロマン主義などがあるわけですが、社会主義もまた自由主義に対する批判の立場をとります。しかしながら社会主義はロマン主義のように、過去への回帰を目指したり、あるいは政治・社会から撤退し、私生活や内面に引きこもろうというわけでもありません。社会主義とはつまり、近代の成果——伝統の束縛からの解放——を享受しつつ、その副作用としての不平等や疎外を克服して、新たな形で社会的連帯を再建しようという立場です。

個人尊重による秩序の再生

そう考えてみると、社会学を科学として自立させることを優先したデュルケムですが、あえて彼を科学者ではなく思想家として見るならば、方法論的個人主義によらずに自由主義、つまり社会思想としての個人(尊重)主義を主張しようとした人として見ることができそうです。デュルケム的な歴史観に従うならば、ロマン主義者の説くところとは異なり、近代における個人のクローズアップは、社会的な拘束が緩んで自然な存在としての個人が剝《む》き出しになってきたからでは決してなく、その反対に、個人の地位を重んじ支える思想や法制度など、まさに社会的な力の働きがもたらした結果である、というわけです。近代的な個人は社会に先立って存在する自然なものなどではなく、あくまでも社会的な存在である、と。そのような立場はまた、社会主義の問題提起を正当なものとして受け止めつつ、なおかつそれと距離を置いて自由主義に踏みとどまろうとするものである、といえそうです。

乱暴にいえばデュルケムにとって、個人主義とはたしかに伝統の解体かもしれませんが、社会的な秩序そのものの解体ではない。むしろより洗練された、新しい社会秩序の一環を担うものです。しかしながらデュルケムも、「環節的社会」から「組織的社会」への移行が大規模で長い時間のかかる社会変動であり、その過渡期においてはいろいろな摩擦や問題が生じることは認めます。そうした過渡的な問題を考えるための概念装置が「アノミー」です。すでに触れたように、デュルケムによれば近代社会における自殺の増大も、このようなアノミー現象の一種であるわけです。

デュルケム後の系譜

ただしデュルケムは『社会分業論』の後、それこそ丸々一冊を自殺の分析に費やした『自殺論』を見ても分かるように、アノミーを必ずしも単なる一時的・過渡的現象とはみなさなくなり、もう少し根深い問題として考えるようになりました。更に後年の研究は、むしろ「機械的連帯」にこそ焦点を当てて、集合意識、社会秩序のより根底的なレベルの解明を目指した『宗教生活の原初形態』を著し、あるいは教育を通じたアノミーの実践的な克服を目指して、教育学・道徳教育の研究に取り組んでいきます。

前者、根源的な社会秩序を探究するという方向性は、弟子のマルセル・モース、更にはのちのクロード・レヴィ＝ストロースらを通じて、フランスにおける文化人類学や、俗にいう「**構造主義**」なる科学方法論の隆盛へとつながっていきます。構造主義とは読んで字のごとく「構造」、つまりは「形式」の科学として人文社会科学を基礎づけようという思想運動ですから、この講義の視点からすれば、この思想がモダニズムの時代の社会学中興の祖デュルケムに源流を有することは、非常に合点がいきます（というより「形式」に注目するこの講義の視点自体が、「構造主義」の影響を受けていることは容易に想像できるでしょう）。この方向性は社会学全体の流れの中では、政治や権力、経済や労働といった近代社会の前面にせり出してくるテーマよりは、むしろ文化や宗教の研究、更には隣接科学としての人類学と連携した比較社会学といった方向に強い影響を及ぼしています。

後者、教育学という方向性は、後の社会学の歴史の中ではそれほど明確には継承されなかったように思われます。これは、あくまでも比較の上でのことですが、社会学が経済学や政治学に比べると、実践的な政策提言にそれほど積極的ではなく、むしろ一歩引いて客観的な実証科学に徹しようとする傾向が強かったからかもしれません（もちろんあくまでも比較の問題でしかなく、社会学もまた政策実践と無縁ではありえないのですが）。ただし「科学としての社会学における古典的著作家」としてではなく、「同時代の問題に立ち向かった思想家」としてデュルケムを読む場合には、むしろこちらの教育思想家デュルケムの存在感が高まってくるかもしれません。

さてそれでは次回は、いま一人の「社会学中興の祖」マックス・ウェーバーについて見ていくことにしましょう。

第10講●ウェーバーとマルクス主義

ウェーバー人気の秘密？

今回はデュルケムと並ぶいま一人の社会学の巨頭、マックス・ウェーバーについてお話しする予定ですが、実はその前に、カール・マルクスと**マルクス主義**についても、ある程度お話ししなければなりません。

ところでマックス・ウェーバーという人は、デュルケム以上に、とくに日本では大人気でファンも多い人ですが、それはいったいなぜでしょうか？　そこのところについて考えると、少しはウェーバーが分かりやすくなってくると思いますので、それを念頭に置きながら聞いてください。

ウェーバーにとっても社会主義は非常に重大な問題です。彼もまたデュルケムと同様、自らは社会主義者というより自由主義者でありながら、というよりもそうだからこそなおさら、社会主義の問題提起を引き受け、それと対決することによって自らの思想と学問を作り上げていくわけです。ただしウェーバーの場合には、社会主義の中でもとりわけマルクス主義、そしてカール・マルクスの理論と思想が対決の相手としてきわめて重要なものとなります（デュルケムの議論においては、マルクス個人とマルクス主義の存在感はそれほど大きくない）。そしてこの「マルクス・マルクス主義との対決」という契機が、日本においてウェーバーの人気がとくに高い理由の一つかもしれません。日本の近代思想史においては、マルクス主義の存在感は良くも悪くも非常に大きいからです。

では、なぜウェーバーにとって、マルクスが大きな存在だったのか？　一つにはしごく単純に、マルクスもウェーバーもドイツ人、というかドイツ語でものを書き、考えていた人だったから、ということがあるでしょう。そしてウェーバーの時代、ドイツ社会民主党はまだマルクス主義を掲げる政党であり（まさにこのウェーバーの生きた時代に、マルクス主義政党であることをやめていくのですが）、ドイツ政治において大きな存在感を有していた、ということも述べておかねばなりません。

更に重要なことには、ウェーバーの生涯の晩年、ロシア革命が起きて、第一次世界大戦のさなかにロマノフ王朝が崩壊し、ボルシェヴィキが政権をとってソヴィエト連邦というマルクス主義の政権ができてしまいます。しかもよりにもよってロシアに。

ロシアとドイツの因縁

というのも、ロシアとドイツとの間には歴史的にいろいろと因縁があります。まず、ドイツ、そしてロシアというのはどういう国――というより、どういう地域であり、文化圏であるのかを考えてみましょう。古くから「西洋」「東洋」という、よく考えるとわけの分からない二分法がありますね。あれは中立的な第三者の立場から「世界の西側」と「世界の東側」を分けた区分ではない、ということは皆さんもよくご承知のはずです。ごく簡単にいえば「西洋」とは「ヨーロッパとアメリカ」であり、「古代ギリシア＝ローマ文化とキリスト教の伝統に連なる文化圏」であって、「東洋」

とは「それ以外の有象無象」です。そのような構図の中でドイツとロシアはどこに位置するのか？

ロシアから見てみましょう。ロシアは地理的にも、ヨーロッパというよりはそのお隣という感じで辺境扱いされる。そして宗教的にも辺境扱いになります。なぜなら、ロシアはキリスト教圏ではあっても、西欧とは宗派が違うんですね。ロシアで支配的なのは、いわゆる東方正教会です。つまりロシアは、宗教改革でプロテスタント諸宗派がローマ・カトリックから分かれるずっと前に、ローマ帝国の東西への大分裂とともにできあがったギリシア正教の地域なのです。ロシアのみならず、東欧の多く、グルジア、ルーマニアやブルガリア、旧ユーゴのいくつかの国々、それから普通「東欧」とはみなされないギリシアもまた、正教が支配的な地域です。だからロシアは十字軍の時代に、いわゆる「北方十字軍」のドイツ騎士団の伝道＝侵略の対象にもなったのです。更にその後はいわゆる「タタールのくびき」、つまりモンゴル帝国の侵略を受け、一時はロシア全土がその支配下に入りました。そういうわけで中央アジアの遊牧民族の間に広く浸透していたイスラームの影響も強い。もちろんユダヤ教徒もたくさんいました。

それではドイツはどのような地域か？　ドイツは普通文句なく「西洋」、西方キリスト教世界の構成員として認めてもらっています。ヨーロッパを西と東に分ける場合にも、更にその西側、「西欧」の側に入れられます。しかし、今日では想像しにくいことですが、一九世紀半ばまでは、ドイツは西欧の中では遅れた地域として位置づけられていたのです。

世界史の教科書を見ると、中世から初期近代＝近世にかけてのドイツ地域の多くは「神聖ローマ帝国」という名前になっていますね。これは実態としては、それぞれ独立した小国家の寄せ集めです。イギリスやフランスなど西欧の強国が中世の間に、封建領主を圧伏《あつぷく》する国王集権体制を確立していったのに対して、ドイツはそのような集権化がおおいに遅れたのです。中央集権的絶対主義国家の成立のみならず、市民革命もまた、イギリスやフランスに比べて遅れました。見ようによっては、「そもそもドイツでは市民革命自体が起きなかった（起きたけれども成功しなかった）」といえます。一九世紀も後半になれば重工業化を遂げ、フランスとの戦争にも勝利し、プロイセンのリーダーシップのもとにドイツ帝国が成立しますが、議会政治が定着していない。議会があっても、皇帝と官僚たちが圧倒的に強く、市民が主役の民主政治とは言い難い。このようなドイツの後進性は、マルクスを含めたドイツの近代知識人たちにとってのコンプレックスの種であり続けるのです。

ドイツは西欧、更にいえば「西洋」の辺境最前線に位置している。向こう側にはロシアという大強国があって、両者の間に、ドイツ人を含めたいろいろな民族が混在し、宗教的にもごちゃごちゃした中間地帯として、いわゆる「東欧」がある――非常に乱暴にいえば、こういう感覚がドイツとロシアの間には成り立っていたのではないでしょうか。そして、ウェーバーも――おそらくは、東欧人への差別意識剝き出しの発言を残しているマルクスも――また、こういう感覚を共有していたのです。

ウェーバーの仕事の一つに、ドイツ東部、まさに東欧との境界領域における農村における農業問題の調査がありますが、その中でウェーバーは東欧からやってくるポーランド人出稼ぎ労働者の問題を非常に気にしています。ドイツ自由主義史上の重要人物であるウェーバーですが、今日のリベラル知識人のように「外国人労働者の権利を守ろう」と主張しているわけではありません。そうではなく「彼らを排除せよ」と説いたのです。しかも注意すべきはこの時代、ポーランドは独立国家ではなかった、ということです。ポーランド地域東部の大半はロシア領であり、西部はプロイセン領とされていたわけですから、正確には「外国人労働者」ともいえません。ですからポーランド地域はドイツ国家にとって、「出稼ぎ労働者を排出してドイツ労働市場を圧迫するやっかいのもと」であると同時に「ドイツ人農民のための植民地」であり「対ロシア最前線」でもあったわけです。

このように見てきますと、マルクス主義の問題を抜きにしても、ドイツ人としてのウェーバーにとって、対ロシア関係は重大な問題だったであろうことが分かります。そして第一次世界大戦では、ドイツとロシアの間にも戦端が開かれます。ところがその戦争のさなかロマノフ王朝のロシア帝国は瓦解《がかい》して、マルクス主義を奉じるボルシェヴィキの政権ができてしまう。ここでロシアとの対決は同時にまた、社会主義、マルクス主義との対決という意味合いをも帯びてしまうのです。

以下ではウェーバーとマルクス主義との対決、それも政治思想的というよりは理論的対決に焦点を当てていくことにしますので、権力政治の思想家ウェーバー、ナショナリストとしてのウェーバーの話はいったん脇にのけておきますが、最後に戻ってきますのでよく覚えておいてください。

モダニズムの先駆としてのマルクス主義

デュルケムとウェーバーが登場し、社会学が確立した時代をこの講義では「モダニズム」の時代とみなし、社会学もまた、モダニズム芸術をはじめとした同時代のさまざまな新しい文化潮流と時代精神を共有している、と述べてきました。その「時代精神」とは、「自分では自由で自立しているつもりの人間精神を、あらかじめ規定し限界づけている形式」へのこだわりだったわけです。さて、このような意味での「形式」というアイディア自体はしかし、この時代に初めて登場してきたわけではありません。たとえば近代哲学の頂点として、「哲学者の代名詞」的な存在であるイマニュエル・カントのいわゆる「批判哲学」の主題がまさにこういう「形式」であった、と解釈することもできなくはない。ただこれが「時代精神」として、ヨーロッパにおいてせり出してきたのがこの時代だ、という仮説をぼくは述べているのです。さて、そのような意味での「モダニズムの先駆け」はもちろん、カント以外にもいろいろと存在するわけで、この講義の中でもすでにダーウィンについてお話ししましたが、マルクスとマルクス主義は「モダニズムの先駆け」の中でも飛び抜けて重要な意義をもつ存在です。

社会主義の歴史の中で見れば、マルクス主義はその一分派にすぎないわけですが、他の諸潮流をかき消してしまいかねないほどの存在感があることも確かです。なぜそうかといえば、それはもちろんソヴィエト・ロシアに始まり、その思想にのっとった国家がたくさん出現し、二〇世紀の歴史を大きく動かしたからです。では他の社会主義諸派ではなく、マルクス主義にそれができたのはなぜでしょうか？　他の社会主義諸潮流からマルクス主義を分かつ特徴、他にはない強みというものがあったとすれば、それはいったい何だったのでしょうか？

結論的にいえばそれは、一見逆説的ですが、敵であるはずの現体制、ことに自由な市場経済（資本主義）の強さや合理性をまずは徹底的に認めてしまうこと、更にそれを倒してそれにとって代わるなどということは並大抵ではない、と力説するところにこそありました。その厭味《いやみ》なくらいのリアリズムゆえに、マルクス主義は自ら「科学的社会主義」をもって任じ、資本主義の強靭《きょうじん》さを甘く見て、小規模なコミュニティー・レベルでの実験を繰り返しては、市場経済の荒波に負けていった他の社会主義運動家たちを「ユートピア的」と軽侮《けいぶ》したのです。

マルクスの、そして後のマルクス主義理論家たちの当面の課題は、社会主義の構想と実践ではなく、あまりにも強すぎる敵、資本主義体制の冷徹な分析にこそありました。もちろんそれ自体は最終目的ではなく、敵を打倒するための手段にすぎませんが、物事の順序としては「敵を打倒した後どのような社会を作るか」をあれこれ考えるよりは優先事項には違いありません。社会主義を実現したければ、まず眼前の障害物たる資本主義を取り除かねばならない。そうしなければ、社会主義は資本主義に負けてつぶされてしまいます（これが「ユートピア」社会主義の末路だったというわけです）。

というわけで、マルクス主義思想の中軸は、現存する資本主義社会の批判的な分析にこそありました。それがマルクスの未完の大著『資本論』（全三巻のうちマルクスの生前に刊行されたのが第一巻のみ、後は死後に盟友フリードリヒ・エンゲルスの編集によって刊行）の課題でした。更にそれを補強すべく、独自の歴史理論である「**史的唯物論**」もまた構想されました。マルクスとエンゲルスの共著である『共産党宣言』は学問的な著作ではなく、政治的なパンフレットですが、この歴史理論への手引きとしてはちょうどよいものです。

マルクス主義の歴史観

『資本論』は資本主義経済――発達した市場経済はどのようにして動いており、それがいかに社会を資本家と労働者の二大階級へと分断し、両者の間の格差を広げていくか――を分析しています。そして史的唯物論は、市場経済が支配的になり、「資本家」対「労働者」の階級対立が社会を動かす資本主義の時代だけでなく、人類の歴史全体を、経済と階級対立のメカニズムを通して理解しようとするものです。

「経済」という言葉を定義しようと思うと結構やっかいなのですが、ここではだいたい「人間が生きていくために有用な（「必要」とは限らない）ものを環境の中から獲得し、あるいはそれらを加工して新たなものを作り（生産）、更に社会的な交流を通して人々の間に行きわたらせ（分配）、それらのものを使って（消費）人々が生き延びていくこと」くらいに理解してください。人間は生身の身体をもった生き物であるということが、ここでは何より重視されます。そして経済の中でも、更に根底的なレベルにあると想定されるのが「生産」です。

史的唯物論では、歴史のもっとも根底的な原動力を、生産力の発展と考えます。非常に簡単にいえば、歴史の中で人間がものを作る能力、生産のための技術はどんどん発展していき、この生産力の発展が社会全体の変化、発展を引き起こしていく、と見るのです。つまりこれは、すでに触れたスミスの歴史理論、更にいえば啓蒙思想以来の進歩史観の継承なのです（ちなみにマルクスは、哲学の歴史の中では「ヘーゲル派」出身と位置づけられます）。

生産力は、ただ単純に量的に増大していくだけではありません。社会の中での生産力の配分パターン（具体的にいえば、生産に必要な資源や設備、あるいは知識）はどのように分布しているのか、平たくいえば、それらを誰がもつのか（これをマルクス主義用語では「生産関係」といいます）もまた、歴史的に変化すると考えます。そしてマルクスは、各時代において生産に必要な資源を支配する階級が、政治的な意味でも支配階級になる、とします。つまり史的唯物論においては、歴史は生産力の発展の歴史であると同時に、階級支配、そして階級闘争の歴史でもあるのです。

階級闘争、とはどういうことでしょうか？　マルクスの考えでは、生産力の実際の担い手、現場で知恵を絞り、額に汗してものを作る人々と、生産力を自分の財産として所有し、社会を政治的に支配する権力者たちとは、普通はイコールではありません。たとえば資本主義に先立つ封建的な社会では、土地を支配するのは領主たちですが、その土地で実際にものを作るのは農民たちです。また、発展してきている市場経済で活動している資本家たちにも、政治権力はありません。資本主義の社会では、資本家たちが支配階級となりますが、豊かな財産の上に安住した彼らはもはや自分たちでは働かなくなり、代わって生産の主役は、彼らに雇われて働く労働者階級になります。

マルクスによれば、このようなずれゆえに、生産力が発展するにしたがって無理がたまっていきます。生産力の実質的な担い手が、その成果から疎外される――儲けの大半は支配階級に吸い取られ、政治権力もない――と、生産者たちの不満がどんどんたまり、生産者たちと支配者たちの間での階級闘争が激化していきます。そしてこの闘争は、究極的には体制転換、つまり革命による権力者の打倒、生産者たちの権力奪取へと向かう――このような筋書きをマルクスは描きます。マルクスは人間社会の歴史を生産力の発展の歴史、そして階級闘争の歴史として解釈したのです。

マルクス主義とモダニズムの屈折した関係

有名な「上部構造」と「下部構造（土台）」という言葉づかいは以上のような考え方にもとづいています。つまり経済（その中でもとくに生産力）が社会の土台、下部構造であって、政治とか法とか道徳とか宗教とか学問は、その基礎の上に立てられる建物、上部構造のようなものだ、というのがその趣旨です。さて、一見単純素朴なこの考え方が、ある意味では「モダニズム」の先駆として読めることがお分かりでしょうか？　つまり、自由な人間精神の活動の所産であると思われている学問、文化、思想は、実は根本的には経済、技術、人間の物質的な生活によってそのあり方が規定されてしまっている、というわけです。モダニズムの時代精神が、自分で自分のことを自由で自立していると思っている人間の精神を、気づかないところで根底的に規定している「形式」についての反省にあるとすれば、マルクス主義の考える「下部構造」もまたそういう「形式」の一種と捉えることはできそうです。実際、モダニズムの時代の思想や芸術に、マルクス主義は大きな影響を与えています。

ただ、当のマルクス主義の正統派を自任する人々――たとえば各国の、ことにマルクス主義を掲げる社会主義政党に属していた人たち――は、もっとナイーブでした。というよりはっきりとモダニズムを嫌いました。非常に簡単にいえば正統派のマルクス主義者たちは、自分たちは（自分たちこそが）、それ以上疑いようのない歴史の真理、批判しえない究極の真理の境地に到達した、と考えていたからです。もちろんマルクス主義者たちの間でも論争はおおいにあった――そして中世までのキリスト教会の中での論争同様、それは単なる「論争」ではすまずに「異端」の粛清にまで進むこともあった――わけですが、それはあくまでもマルクス主義の正しさを前提とした上で、その解釈をめぐってのものに限られていました。

非常に単純にいえば、普通の人々の思想、それにもとづいた行動は、自分たちでも自覚できないうちに、土台としての経済によって規定されている。資本主義社会の中に生きている人々は、歴史的に見れば特殊なものにすぎない資本主義社会の仕組みを、あたかも自然であるかのように、当たり前のものとして受け止め、「世の中とはそうしたものだ」と思ってしまう（このようなメカニズムをマルクス主義の言葉づかいで「イデオロギー」と呼びます）。しかしそういう認識の歪みから、自分たちだけはまぬかれているという、ある意味おめでたい独善的な立場を正統派マルクス主義者はとっていました。それに対してモダニズムの時代には、もう少しひねくれた反省が行われようとしていたことに注意しなければなりません。つまり、誰もそうした特権的な真理の境地という安全圏には立てない、という諦めがモダニズムの気分です。ウェーバーのマルクス主義批判には、そうしたひねくれた気分が多分にあったのではないか。

ウェーバーのマルクス主義批判

もちろんここまで突っ込んで考えなければ、ウェーバーのマルクス主義批判の意義が見えてこないわけでもありません。もっとストレートに「ウェーバーはマルクス主義の素朴な経済万能主義を批判した」といってしまってもかまわないでしょう（こういうとマルクス主義者からはしばしば「マルクス自身はそれほど単純素朴ではなかった」という反論が飛んできます。もちろんそれはそのとおりです。しかしその弟子たるマルクス主義者たちの多くがそういう素朴さに安住し居直ったことも、また確かなことなのです）。ウェーバーは比較史的な方法を用いて、マルクス主義者が「上部構造」と呼んだ文化や思想・宗教といった人間の精神活動が、ただ一方的に「下部構造」たる経済によって規定されるだけでなく、それ自体で自律性をもち、反対に経済のあり方に影響を与えることもあることを示そうとした。そしてそうすることによって、第一に社会科学方法論、そして世界観としての「史的唯物論」に対抗して文化や人間精神の自律性を強調し、第二に、経済学には還元し尽くせない、別個の独立した科学としての「社会学」の意義を主張した、ということができます。

そしてこうした立論は、マルクス主義への批判であるのみならず、より広く「経済学中心主義」とでもいうべきものへの批判となっていたことにも注意しましょう。もちろんマルクス（そしてマルクス主義者たち）は、アダム・スミスの流れをくむ主流派の経済学に対して批判的でした。マルクスにいわせれば、普通の経済学者たちは、しょせんは歴史的に特殊なものでしかなく、やがて社会主義にとって代わられるべき資本主義市場経済を、あたかも自然で自明なものであるかのように勘違いしているだけでなく、その勘違いを通じて、人々が社会主義の可能性に目を開くことを邪魔している。歴史の本当の主役は階級であるのに、経済学者たちは「市場は自由な競争の場である」という資本主義の建前＝イデオロギーを真に受けて、自由な個人が社会の主役だと錯覚している。

この意味では、たしかにマルクス（とマルクス主義者たち）はオーソドックスな経済学者たちと対立しています。しかしながらウェーバー（そしてデュルケムその他の新興科学としての「社会学」の側に立つ者たち）からすれば、どちらも同じ前提を共有している。つまりは「経済が社会の下部構造＝土台であり、政治や宗教や思想はその上に立つ上部構造でしかない」という考え方を。それに対してウェーバーは、もちろん経済の重要性を否定はしないものの、人間の社会における精神的な水準、理念的な契機の自律性を重視し、そこに「社会学」の固有の意義を見出すわけです。

しかしながら、やはり精神とか文化の重要性を主張した論者としてのみウェーバーを読んでしまうのは、ちょっとつまらないのではないか、とぼくは思います。

ウェーバーのヴィジョン——比較宗教社会学

ウェーバーの巨大なプロジェクトをあえて一言で形容すると、「西洋における資本主義的近代化の特徴を解明するための、比較歴史社会学・比較宗教社会学」といったところです。その際ウェーバーが注目している宗教は、晩年のデュルケムの場合とは異なり、あくまでも文明社会の宗教です。要するに聖書のような経典と、教えそれ自体の学問的な体系化への志向があって、儀式などに精通した専業の聖職者がいて、教会や教団といった聖職者と信者たちの組織がきちんと存在している、そういう宗教です。

このプロジェクトにおいて、ウェーバーは以下のような問いを立てます。自分が生きているヨーロッパ近代とは何なのか？　とりわけ経済に注目するならば、近代資本主義とはいったい何なのか？　ヨーロッパ以外にも、中国やインド、あるいはイスラーム圏に、かなり高度な発展を遂げた文明社会が存在している。世界史的に見ればヨーロッパ文明とは、むしろ後発文明である。中世においては、ヨーロッパとはユーラシア大陸の片田舎にすぎない。この時代のユーラシア文明の中心はむしろイスラームです。高度に発達した市場経済があって、学問的レベルもかなり高かった。それではなぜ、後発のヨーロッパ文明の方が発展していって、後に世界中を植民地化し、征服することになったのか？

発達した市場経済、資本主義とさえ呼んでよいような経済の発展もまた、宋代の中国で、またイスラーム中世にも起こった。しかしながら世界中を一つのグローバルな経済ネットワークに結びつけたのは、他ならぬヨーロッパ発の資本主義である。それには何か理由があるのだろうか？

ウェーバーは、宗教という角度、各文明における宗教と経済との関係に焦点を当てて、ヨーロッパの特異性を見定めようとします。ポイントは「禁欲」です。しかしこう書いてみるとやや誤解を招きやすい言葉ですし、今日の爛熟した日本の消費社会に生きるわれわれには分かりにくいところもありますので、「勤勉」と言い換えた方がいいかもしれない。更に「合理的組織化」もまたキーワードです。

合理主義の勝利

主流派経済学者とマルクス主義者に共通する経済中心主義的見方からすれば、人間はおおむね合理的に行動する傾向があるはずで、資本主義的市場経済は人間のそうした自然な傾向が、過去の不合理な伝統から解き放たれて自由に展開した結果である、ということになります。それでは、人間の自然な合理性を抑えつけてきた伝統とはいったい何なのでしょう？　言い換えると、伝統が存在していて、長い間人間の合理性を抑えつけてこられた理由とは、いったい何だったのでしょう？

ウェーバーはここで問いを逆転させます。歴史的に見れば、人々はいちいち自分の利益を考えてそれを合理的に追求したりせず、あまりあれこれ考えずに伝統に従うことが普通であり、自然でした。むしろ伝統に反逆した自由な思考と行動こそ、異常で不自然だったのです。ウェーバーが考えるヨーロッパの異例性とは、こうした自由な思考と行動の追求としての**合理主義**が、他の文明圏のように伝統の拘束によって失速せず、むしろ伝統の方を破壊してしまうが、にもかかわらずヨーロッパ文明は解体せず、かつての伝統に代わってこの合理主義を精神的支柱として存続し、世界を制覇しつつある——ということです。

「近代」の気分を空気のように自明なものと感じてきた経済学者やマルクス主義者ならば、このような伝統破壊の合理主義は、長い目で見れば遅かれ早かれどこかから出てきたはずのもので、現実の歴史においてそれがヨーロッパから出現したのは単なる偶然と考えるでしょう。しかしウェーバーはそうは考えません。

やがて二〇世紀後半には経済学者たちも、「合理的に思考・行動しないことの事実上の合理性」に気がつきます。つまり「伝統に埋没し、あえて余計なことを見ない、考えない態度にもそれなりの合理性がある」、あるいは「情報を集めてきちんと考えた上で最適な意思決定を下すことにもそれなりのコストがかかるから、「合理的な決定」の利益が「伝統への盲目的な追随」のそれをつねに上回るとは限らない」というわけです。おそらくウェーバーは、この問題に直感的に気づいていました。それゆえに、伝統に埋没する態度と、合理的に考え、積極的に新しい事業に乗り出す態度の対立を、「非合理的な態度」対「合理的な態度」と解釈し、当然に後者が勝利するものと考えることからまぬかれたのです。つまりウェーバーによれば、伝統のくびきをあえて振り切る「合理主義の勝利」はいつか必ず起こるはずのことではない、ということになります。

ではなぜヨーロッパにおいてこの不自然な「合理主義の勝利」が起こったのか？　ウェーバーはそれを単なる伝統の否定としてではなく、ヨーロッパにおける伝統そのものの中から生み出された結果として解釈しようとするのです。伝統に従って生きることは人々にとって十分に合理的な選択であり、「合理主義の勝利」は人間の自然な合理性が伝統の重しから解放されたことによって起きたわけではない。となればヨーロッパにおける「合理主義の勝利」をどう理解すればよいか？

もちろん、ヨーロッパにおいては他の地域に比べて、あるときから伝統の重しが緩くなった、という解釈も可能でしょう。しかしここで問題としているヨーロッパにおける「合理主義の勝利」、近代化とは、ただ単に伝統が緩んだというより、緩んだ伝統の代わりに新しい、ある意味ではより強力な社会編成原理が生成してきたとみなした方がよい（デュルケムの「有機的連帯」というアイディアのことを思い出してください。分業の発展は、それだけでは社会を解体させかねないので、新たな社会的連帯の原理をともなっているはずだ、というロジックをデュルケムは提示していました）。では、そうした新たな、旧来の伝統にとって代わる社会編成原理は、どこからやってきたのか？　それもまた他ならぬその伝統の中で準備されてきた、と考えることが自然です。

宗教に内在する合理主義

ここまできましたので、これまで説明なし、定義なしに使ってきた「伝統」、そして「宗教」という言葉を改めて見直した上で、ウェーバーの構想についてまとめてみましょう。ここまでは「伝統」的な態度を、よく物事を考えず、新しい情報も集めずに、ただ過去の経験、親や先祖から引き継いだ常識に従って処していく態度として描いてきたわけです。そういう態度は、「合理主義の勝利」＝「近代化」の洗礼を受けたわれわれの「常識」ではあまり「合理的」とは思えませんが、しょせん人間も有限な寿命と限られた知力・情報収集力と判断力しかもたない存在です。したがって分からないこと、知らないことに対してはあらかじめ目をつぶり、判断を停止してしまうのも、実はそれなりに――生き延びてそこそこ幸せにやっていくためには――「合理的」であるとはいえます。ここで、とくに伝統的な生活態度の一部として見たときの「宗教」は、そのような経験を超えた未知のもの、分からないものごとについて教えてくれ、どうすべきかを指示してくれる仕組みであると考えてください。人間が知らないこと、分からないことについては、当然神が知っていて、それどころかどうすればよいかも指示してくださるというわけです。

ある程度文明を発達させた社会では、すでに述べたように、このような意味での「宗教」が社会の中ではっきりと独立した文化領域として自立してくる。宗教の専門家としての聖職者が登場し、宗教的な教えを意味の通った合理的なものへと体系化しようという動きが生じ、教義学が発達し、社会的な組織として教団・教会ができてくる。つまり宗教それ自体の「合理的組織化」が進行していくわけです。自分なりに筋の通った理屈を追求するうちに、教義学はいつしか常識や伝統から離れて独自の展開を遂げていくでしょうし、教団組織もまた、合理的なルールや役割分担をそなえた官僚制組織へと複雑化していきかねません。すなわち、宗教そのものの内部に、伝統から離陸する

「合理主義」への萌芽《ほうが》が潜んでいるのです。

ただしウェーバーは、そうした運動には普通、どこかでブレーキがかかると見ています。どういうことでしょうか？

宗教における合理化の限界

おおざっぱにいえば宗教とは、人間たちが知っていて経験している限りでの世界よりも更に広い世界、それこそ死んだ後の「あの世」や神の世界まで含めた「向こう側」についての知識と、それをふまえた上での「この世」の普通の人間たちへの指図の体系です。したがって、それにかかわる専門家としての聖職者は、いわば「この世」に居ながらにして「この世」の外に出なければなりません。「出家」とはそういうことです。もちろん聖職者たちも「この世」そのものから去ることはできませんが、普通の人たちとは違った、選ばれた者として、特別な生活に入ります。ですから聖職者たちの生活、彼らだけの特別なコミュニティーは、俗世間とは別の論理にのっとって動いていなければなりません。多くの宗教において聖職者が家庭をもたず、子供を作らないとはそういうことです。のみならずしばしば聖職者は、自分たちでは生産活動を行わず、托鉢《たくはつ》や喜捨など、普通の人たちからの奉仕に頼って生き延びます。

とはいえ、文明世界で大規模に組織化された宗教は、それだけではやっていけません。純粋に俗人たちの厚意にのみ頼っていたのでは、組織を維持するのに十分なものが得られる保障がありません。また、俗人たちの厚意や支持を得るためには、ただ単に「この世」から独立して、「あの世」

について、更には人知を超えた世界の真実についてあれこれ考えをめぐらせているだけではだめで、その成果をある程度は俗世間にも還元し、俗人＝一般信者たちの期待に応えるサービスも行わなければなりません。分かりやすいところでは冠婚葬祭や、人々の生活の中で折々に執り行われる儀式を指導することです。更には広い意味での「救済」がとても重要です。とくに近代以前の世界では、大部分の人々は貧しく苦しい生活を送っており、戦争などの人災、疫病や洪水、地震などの天災に日々おびえて暮らしていたわけですから、そうした不安や恐怖をやわらげ、少しでも幸せに生きられるように「癒《いや》し」を与えるという仕事はとても重要でした。というわけで宗教の「合理主義」は俗世間の拘束、そして俗世間と自らをともに貫く「伝統」の重荷から十分に独立できないのが普通なのです。

更に宗教の徹底的な追究にも、いくとおりかの異なった方向性があり、先に述べたような合理主義がそのすべてではありません。宗教の中にはいわゆる「神秘主義」への傾向もまた、つねに強く働いています。聖職者を中心とした宗教者の中の理屈好きな人々は、教義学を知的に洗練されたものへと磨き上げようとするものですが、他方でそういう動きに対する反省・反発も湧き上がります。何といっても人間の知性には限界があるのだから、どれほど教義学を洗練させようとも、神の本当の意志や姿、そして人間の視界を超えた世界の本当の姿を、一〇〇パーセント正しく捉えることなどできないはずです。だとすれば、本当に神とつながろうとするならば、人間のこざかしい知恵などむしろ捨ててかからなければならないのではないか――こういう発想が「神秘主義」です。これらは、宗教内部における「合理化」に抵抗する力となります。また、こうした神秘主義は俗世間の普通の人々にも分かりやすいので、神秘主義の爆発が、既存の宗教組織に対する反発とシンクロすることもしばしばあります。

ヨーロッパ・キリスト教の特異性

ウェーバーによればヨーロッパの特異性とは、キリスト教——それも東ローマ゠ビザンチン帝国の正教会ではなく、西ローマ帝国没落以降のローマ・カトリック教会、ならびにそこから分裂したプロテスタント諸宗派——が、このような限界を突破してしまったことにあります。どういうことかといえば、宗教内部での教義・組織の合理化が徹底したのみならず、そうした合理化の力が俗世間の圧力によって押しとどめられるよりも、逆に俗世間の方を改造して、俗世間そのものを「合理的組織化」に巻き込んでしまったというのです。

キリスト教はローマ帝国末期に国教化し、教会組織は国家官僚機構の一部と化してしまい、西ローマ帝国解体後もヨーロッパ各国の国家機構の支柱の一つとなるのみならず、俗世レベルでは複数の国家に分裂してしまったヨーロッパを一つの文化圏に保ち続ける力となったのですが、ここで重要なのは「修道院」という組織の登場です。文明社会における組織的な宗教は、俗世間の一般信徒を指導し、彼らの救いのために奉仕しなければならないという使命と、俗世間を離れて身を清め、心を正しくして神に近づかなければならないという使命との間に引き裂かれがちだ、ということはすでに述べましたが、キリスト教の場合もそれは同様です。一種の行政機関として俗世の一般信徒を管理する機構としての末端の教会、そこに勤務して儀式や事務仕事を行う司祭たちがいる一方で、世俗から離れてひたすら修行の日々を送る修道者たちも存在します。この修道者たちの組織が修道会であり、その拠点が修道院です。

ここでウェーバーが注目するのは、キリスト教の修道院のきわめて特異な性格です。まず修道院は「合理的組織化」の拠点でした。そこは容易に想像されるとおり祈りの場所でしたが、同時に図書館をそなえ、修行の一環として教義学の探究がなされる学問の府でもあるのみならず、労働と技術開発の場でもあったのです。中世の修道院は托鉢や喜捨など俗世間からの奉仕のみによって養われるのではなく、むしろ自給自足を目指しました。多くの宗教において労働は、俗世間の論理に巻き込まれる罠《わな》となりかねないものとして忌避の対象となることが多かったのですが、中世の修道院においてはそうではなく、むしろそれ自体が修行の一環として奨励されたのです。更に修道院における労働は、その組織や、そこで探究される学問と同様に合理的に組織化されました。具体的には、時間にあわせて規則正しく、規律に従う労働のやり方が追求されたのです。かくして俗世間からの避難所であったはずの修道会は、原野を切り開き、新たな農法や技術を開発し、あるいは病院やその他の慈善施設を作り、俗世間にキリスト教が働きかける新たな経路となります。

宗教改革の意義

更にウェーバーが指摘するのは、西ヨーロッパにおけるローマ・カトリック支配を崩壊させたいわゆる「宗教改革」の決定的な意義です。ウェーバーによれば宗教改革、その結果出現した新たな「プロテスタント」の諸宗派は、修道士という一部の宗教エリートの間だけのものであった「合理的組織化」を俗世間の一般信徒の間にまで広めてしまったのです。プロテスタント諸派の多くは「教会の聖職者による指導なしには、一般信徒の救済はない」という旧来の常識を拒否し、いわゆる「万人司祭説」、誰でも聖書を自分で読んで直接神と向かいあえるという立場をとりますが、のみならず万人が修道士にもなっていく、というわけです。

宗教改革の時代に、それまでヘブライ語、ギリシア語、ラテン語で書かれていて一般信徒には読めなかった——ただでさえ識字率が低いのに、古語、外国語ではたまりません——聖書が、ドイツ語や英語など、普通の人々が生活の中で使う土着の言葉に翻訳されるようになったことはよく知られています。こうして一般信徒も、司祭という教会官僚による指導なしに自分で聖書を読み、神の教えについて自力で考えることが大々的にできるようになりました。しかし宗教改革の一般信徒にとっての意義はそれだけではなかったのです。つまり俗世間の一般信徒や普通の人々の労働もまた、修道士たちのそれと同じように、修行の一種として解釈することが可能になってきた、というわけです。一攫千金を夢見てばくちのような危険なビジネスに乗り出し、運よく稼いだ金も浪費したり、貴族の地位を買うために使ったりしてしまう冒険商人ではなく、規律正しく働き、無駄な贅沢は控えて質素に暮らし明日のために蓄える、信心深く堅実な中小市民たちこそが、未曾有《みぞう》の経済成長をもたらす近代資本主義の主役であった、というわけです。

まとめるならば、中世のキリスト教においては、主に修道院の中で「合理的組織化」と伝統の解体が、俗世間の圧力から（更には俗世間と妥協しなければならない教会上部の圧力からも）保護された形で進んだ。またそれのみならず、その合理化は後に俗世間における伝統をも解体しうるポテンシャルを秘めたものとしても――つまり労働、物質的な生産、技術開発としても――進行し、普通の人々の生活をも「合理的組織化」に巻き込んでいく。これがヨーロッパにおける近代化の重要な一側面である――そのようにウェーバーの「比較宗教社会学」を読むことができるでしょう。

モダニストとしてのウェーバー

以上のように解釈するならば、ウェーバーもまたモダニストの一人であった、といってもかまわないはずです。なぜならモダニズムとは、ヨーロッパ近代の知性が、自分たち自身のよって立つ精神的足場を本格的に疑う、ということだからです。ウェーバーの描くヨーロッパ近代の「合理主義」自体が、伝統という足場を自己解体する衝動として解釈できます。更にいえばそういう合理主義の伝統破壊への衝動自体、キリスト教の中に潜んでいた。ただしキリスト教は(そしておそらくは世界各地の文明社会における組織宗教においても)、伝統が破壊された後の空白を埋める代わりのもの、すなわち神――土着の信仰とは違う洗練された体系的教義学によって、合理化された神、そしてそれを支える教会組織――を用意していたわけです。しかも宗教改革は、この神を教会からも解き放ち、誰でもが近づけるものとした。こうした神の後光が、解体していく伝統の代わりを務めていた。一八世紀、いわゆる啓蒙の時代以降は、この神の後光もまた薄れていくようにも見えますが、ヒューマニズムの光がその代わりを務めます。人間一人ひとりは小さく無力でも、種としての人類は無限で不死でありうる。そういう発想――進歩史観が成立します。ある意味ではマルクス主義も、そのバリエーションにすぎない。

そしてウェーバーの「比較宗教社会学」は、そのようなヨーロッパ近代の「合理主義」の足場を掘り返し、ある意味でその底が抜けてしまっていることを示すものでもあります。ウェーバーは著作のそこかしこで、かの「神の死」で有名なフリードリヒ・ニーチェからの影響を告白しています。ニーチェのいう「神の死」、ニヒリズムとは、乱暴にいえば右に述べた「神の後光」が——そのバリエーションとしてのヒューマニズムをも含めて——消え去ってしまった、という認識です。ことにその生涯の後半においては、ややもすれば論証抜きの断言になりがちだったニーチェの問題提起に対して、実証的な歴史・社会科学の立場から応えようとしたのがウェーバーだったといえましょう。資本主義にとってのプロテスタンティズムの意義を論証しようとした有名な著作『プロテスタンティズムの倫理と資本主義の精神』の末尾で彼は、自分たちの時代が「精神のない専門人、心情のない享楽人」の時代となりつつあるのでは、と慨嘆《がいたん》しています。すなわち、かつての（プロテスタント、そしてそれ以前まで含めた）キリスト教徒の情熱的な信仰が、ヨーロッパにおける「合理的組織化」を推し進めた心理的な原動力だったのに、そうした情熱は今やヨーロッパ人の間からは消え去っている、と。

大半の経済学者やマルクス主義者のような、素朴なヒューマニストならば、「神の死」をすなわち「人間の勝利」とみなしてそれを寿《ことほ》ぐでしょうが、ニーチェをふまえたウェーバーにいわせれば、近代の「合理主義」の原動力は、ヒューマニストが信じる普遍的な人間性の解放などではなく、ローカルで個性的な文化としてのキリスト教なのです。しかしヒューマニストたちが指摘するとおり、そうしたキリスト教の後光は消え去りつつある。だが、ヒューマニストたちのいう「人間」にはその代役は務まらない。ニーチェ＝ウェーバーにいわせれば、実はその意味での「人間」自体が神の別名に他ならないのであり、「神の死」は同時に、世界に意味を与え、一人ひとりの人間と世界をつなぐものとしての「人間」の死に他ならないのです。

差別主義者の顔

しかし以上のようにまとめてしまうと、ウェーバーが格好よすぎることも気になってしまいます。そもそも、ヨーロッパ近代の自己批判者としてのウェーバーと、本講冒頭で垣間見た、ある種えぐいまでの攻撃性をもったナショナリスト・権力政治主義者としてのウェーバーとは、どのように関係しているのでしょうか。

「比較歴史社会学」の先駆者としてのウェーバーの業績は、もちろん社会学の歴史にとって財産ではありますが、良くも悪くも「古典」であって、今日の歴史科学の水準に照らして、実証研究としてはその個々の議論の少なからずはそのまま真に受けられるものではありません。それは仕方のないことです。それよりも二〇世紀の末から人気が出ているのは、思想家としてのウェーバー、モダニスト・近代批判者としてのウェーバーです。しかし思想家としてウェーバーを読むときには、その格好いい側面だけでなく不吉な側面、エリート主義者で差別主義者の側面もまた、見逃してはならないでしょう。

エリート主義者、差別主義者のウェーバーに対して、これまで比較的注目が集まらなかったことには、おそらく理由があります。ウェーバーは権力政治主義者ではあったものの、後のナチズムに受け継がれたような人種主義、すなわち人間の本性や個人の運命が遺伝的・生物学的に決まっている、というたぐいの議論には批判的でした。そして「意味」「文化」といった、人間の生物学的特性や個人の心理に還元できない、固有の社会的な次元の重要性を強調してきました。こうした姿勢は社会学の独立性に強くコミットしたものであるだけでなく、ウェーバー没後の不幸な歴史のことを考えてみれば、人種・民族差別に対する防波堤、批判の武器としても有意義であったのではないか、と考えるのは自然なことでしょう。

ただし二一世紀に突入した現在、われわれはそう楽観してもいられません。一つには、幸か不幸か二〇世紀前半のナチズムの「優生学」が科学的にかなりの誤謬《ごびゅう》を含むもので、それにもとづいた人種・民族差別の正当化論はほぼ「ナンセンス」と切り捨ててかまわない程度のものだったのに対して、今日における人間の性質・行動における生物学的・遺伝的要因の研究はもっと科学的に洗練され、頑健なものとなっています。

ひところは「人間の脳とはその上にどんな絵でも描ける白紙のようなもの、あるいはどんなソフトウェアでも載せて動くことができる万能コンピューターのようなものである。遺伝的な要因で決まるのは、そのコンピューターのハード的側面だけで、ソフトウェアはすべて生まれた後で外側から、すなわち学習と社会的コミュニケーションを通じてインストールされる」といった考え方が広く影響力をもっていました。かつては少なからぬ社会学・人類学の入門書には「ある部族の言語には時間にまつわる語彙《ごい》がなく、それゆえ彼らは時間の観念や感覚をもたない」とか「ある部族の言語には色の名前が四つしかなく、それゆえ彼らは四種類の色しか見分けられない」といった神話的なエピソードが、まことしやかに載せられていました。

しかしこのような神話は、近年次々に打ち壊されてきています。人間の脳は決して「白紙」でも万能コンピューターでもありません。人間のもつ性質・能力のうち意外に多くの部分は、あらかじめ遺伝的にプログラムされており、手足や内臓だけではなく、脳の特定の部位、特定の神経系統のかなりの部分までもが、特定の仕事をするように設計された専用機です。何より、人間の文化の多様性の核とみなされてきた言語についての近年の研究は、一見でたらめで多様に見える言語がある一定の法則に従っているらしいこと、また人間の脳には言語活動に特化した特定の部位がある、つまり言語能力はかなりの程度遺伝的で先天的なものであること、などを明らかにしています。

このような研究の果てに、従来（ことにナチズムの教訓以降）社会的・文化的な要因によって作られるとされてきた差異（趣味嗜好、価値観、行動様式、性格、気質、知能等々）についても、遺伝的・生物学的な要因が無視できないことが分かったら、どうすればよいでしょうか？　ウェーバー的なスタンスからは、ナチズムの体現したような人種・民族差別に対して「個人間・人間集団間の有意味な違いのほとんどは、生物学的な要因によるものではなく、文化的・社会的・歴史的な環境要因によるものだ。生物学的に見れば、人間はおおむね同質の存在だ」と反論がなされてきたわけですが、もし仮に、生物学的な要因による個人間・人間集団間の差異が無視し難いほど大きいことが分かってしまったら、われわれはどうすればよいのでしょうか？　そうした違いにもとづいて、ある種の差別を容認するのか、それとも人種・民族差別を批判するための、別の根拠を探さねばならないのか？

そしておそらくそれ以上に重要なのは、今日の世界における人種・民族差別、よそ者嫌いの排外主義は、実はこうした生物学的な差別正当化論の後押しを必要としてはいないのではないか、ということです。この講義の最終回に改めて論じますが、今日における差別や排外主義には、「彼らと私たちの違いはあくまでも歴史的、文化的なもので、本来は同じ人間に他ならない」という批判が通用しない。まさにそうした文化的な違いこそが、仲間で結束し、他者を排斥する理由として、堂々と押したてられている。このような状況においては、ウェーバー的洞察は差別・排他主義を批判する役には立ちません。それどころかそうした差別意識は、ウェーバー自身のものでさえあったはずです。

近代日本思想にとってのウェーバー

最後に、つけ足しになってしまって恐縮なのですが、ウェーバーは日本でとても人気の高い学者・思想家だった、とこの回のはじめにいいましたね。その意味がお分かりでしょうか？　ウェーバーによれば近代化、近代合理主義とは、歴史的必然などではなく、とても歴史的・地理的に個性的な現象だった。つまりはヨーロッパ、それも西欧固有のローカルな現象だったわけです。ところがここで引っかかるのが、少なくとも二〇世紀の前半までの日本という現象です。キリスト教の影響を一時期受けながらも、鎖国によって徹底的にそれを遮断し、開国以降も決してそれが広く普及することがなかったにもかかわらず、ほんの数十年でヨーロッパ先進国の百有余年に匹敵する急速な政治的・経済的近代化を遂げ、帝国主義的な振る舞いまで始めた日本の国家・社会・文化をどう捉えるか。これはウェーバー的な問題設定にとって、その足場を揺るがしかねない危険でもありますが、魅力的な挑戦でもあります。

ウェーバー自身はこの問題について、突っ込んで探究することは——問題意識はあったかもしれませんが——できなかったのですが、この問題は日本の（そして後には、日本以外の国々で、日本を研究対象とした）社会科学者たちの多くの心を捉えました。つまり「日本においてキリスト教、プロテスタンティズムの代わりに「資本主義の精神」の役目を果したのは、いったい何か？」というわけです。

意地悪くいえばこの問いの立て方は、日本近代化を自画自賛するナルシシズムの表れに他なりません。つまり日本におけるウェーバー人気は、ただ単に客観的な社会科学者としてのウェーバーに対する尊敬という以上に、思想家、近代の預言者をそこに見ていたがゆえのものなのです。ウェーバーによれば、資本主義経済や主権国家の発展を可能とする近代化は、正統派の経済学者たちやマルクス主義者たちがともすればそう考えがちだったように、生産力の発展によって自動的にもたらされるわけではない。そうではなく、一定の精神的態度、文化的な支えによってはじめて可能となるわけです。とすれば一度はヨーロッパとの交流を断たれつつ、再開国とともに急速にキャッチアップできた日本にも、ヨーロッパとは別の、しかし非常に似通った役割を果たす文化、精神的態度があったはずだ、ということになる。これはたしかに一つの問うべき謎を提供しますが、それ以上に「日本にも西欧に比肩しうる合理主義的文化がある」という日本人の虚栄をいたくくすぐりました。

しかしこの問いの興味深さは、二〇世紀も末になって、日本以外のアジア諸国の近代化が急速に進行して以降、かなり減じています。もともとニーチェ＝ウェーバーの近代ヨーロッパ批判が、同時にヨーロッパを特権化するナルシシズムと紙一重だったのですから、最初からこの問いは、偽の答えしか返さない、誤った問題設定だったのかもしれません。「日本だけがうまく西欧に追いつけたのはなぜか？」などという問いは、「東アジアの奇跡」以降の旧途上国の急激な経済成長の進行のもと、その答えが出る前に土台ごと無意味化しつつある。それが更に「なぜ西欧が最初に、自発的に近代化できたのか？」というウェーバー的問いまでをも陳腐化させてしまわないという保証はありません。

となればこの「日本思想史におけるウェーバー体験」は、ウェーバー自身の議論と同様、いや以上に、素直にわれわれが継承すべき生ける「伝統」ではなく、厳しく批判的に鑑定すべき「過去の遺産」なのでしょう。

III

〈多元化する時代〉と社会学

第11講●危機についての学問

シンクロする二つの問い

これまで「社会学の立ち上がる時代」、その時代精神としての「モダニズム」の話をした上で、社会学の中興の祖、社会学を今ある社会学たらしめた巨頭エミール・デュルケムとマックス・ウェーバーについて簡単に解説いたしました。そこで「モダニズムの一環としての社会学」については、ある程度お分かりいただけたと思います。第7講でも触れたように、社会学に対してはおおざっぱに二つの方向からその定義を与えることができます。第一に「社会的に共有される意味・形式についての学問」として。そして第二に、「近代とは何かを問う学問」として。「分業」の発達による社会構造の転換と、それにともなって人々を襲う「アノミー」について問うたデュルケムにせよ、あるいはヨーロッパにおける資本主義的近代化・文化的合理化を支えた精神的基盤について考えたウェーバーにせよ、「社会的に共有される意味・形式」と「近代」という二つの対象の解明を目標としていたことはお分かりでしょう。

さて、ここで問題としたいことは、いったいなぜこの二つの問題設定がシンクロするのか、ということです。一見まったく別々のものであるこの二つの問題設定、「社会的に共有される意味・形式とは何か?」と「近代とは何か?」との間には、どのような関係があるのでしょうか?

更にいえばこの謎は、社会学についてのみならず、「モダニズム」全般に通ずるものでもあります。すでに見たとおり「モダニズム」の時代とは、社会学を含めて、人間が作るものとしてではなく、人間の意識や行動に先立って成り立っており、それらをあらかじめ制約しつつ基礎づけするものとしての「意味・形式」についての関心が爆発した時代でした。たとえば絵を描く際に、モダニズム以前はカンヴァスや筆・絵の具といったもの、いやそれどころかカンヴァスの上に絵の具を塗りたくるという作業自体が、ある対象を「描く」上での手段・道具にすぎず、取り立てて「「絵を描く」とはどういうことか」などと突き詰めて考えることなどなかった。それがこの時代以降急速に「描く」とはどういうことか、そもそも絵画とは何かを「描く」こととイコールなのか、といった疑問が、批評家や哲学者ではなく、当の制作者たち自身にとっての問題として浮上してきたわけです。あるいは文学においても、言葉はもはや物語や感情といった別の「主題」を語るための単なる道具ではなくなり、それ自体が「主題」となっていきます。

何が反省の対象とされたのか

そして意味・形式への関心の爆発は同時に、それまで支配的だった文化・芸術のありように対する懐疑の爆発でもあったわけです。ではそこで懐疑の対象となったものはどのようなものだったのでしょうか? 少し復習してみましょう。絵画や文学の場合は大変分かりやすく「リアリズム」です。現実に存在する対象をいかにも目に見えたそのままの姿、ないしはそれにちょっとアレンジを加えた形で描く絵画、あるいはいかにも現実に起こりそうな出来事について物語る文芸作品です。

音楽の場合はもう少し複雑です。西洋音楽の歴史において一九世紀に支配的な様式のことを「ロマン派」といいますが、実は一九世紀には、絵画や文学においても「ロマン派」「ロマン主義」はそれなりに重要な潮流でした。おおまかには人間の精神的高揚・躍動を表出するものとして芸術を捉える立場、といってよいでしょうか。ある意味ではこれは反リアリズム・リアリズム批判の立場ですが、「シュルレアリスム」その他のモダニズムの時代に出現した「前衛」芸術とは区別されなければなりません。「リアリズム」が「外的な現実の表現」であるのに対して、「ロマン主義」の芸術は「内的な心情・感情の表現」を目指している、といえます。つまり何事かを「表現」するという意味では、「リアリズム」と「ロマン主義」の芸術は、おおむね同じ土台の上に立っている。この土台自体の解体が、少なくとも先端的な芸術音楽の領域では「モダニズム」の時代に始まります。

以上をふまえるならば、「モダニズム」の時代に懐疑・反省の対象となった、それ以前の芸術における「常識」とは、「リアリズム」も「ロマン主義」も含めての、「芸術とは何かを「表現」することである」という想定だったといえましょう。しかしこのようにいってしまうと、その常識は今日のわれわれには「近代」というよりむしろ「伝統」であるかのように聞こえます。もちろんその時代において「常識」となっていた以上、それはある意味で「伝統」であるわけですが、他方でデュルケム、ウェーバーらが捕まえようとした西洋の近代社会とは、非常に強い意味で伝統解体的なところにその最大の特徴があるわけです。とすれば「近代という伝統」——第7講での言葉づかいでいえば、モダニズムの反省でひねくれる以前の「素直な近代」——とは何であり、その近代が解体してきたとされる「(近代以前の)伝統」とは何なのかを押さえた上でないと、モダニズムの本当の意義について誤解してしまいそうです。

「素直な近代」とは何か

では改めて問うてみましょう。モダニズムにおいて懐疑の対象となった「近代」――「素直な近代」「近代という伝統」とはいったい何なのか? またそれが解体してきたという「伝統」とはどのようなものなのか?

すでに第10講でも論じましたが、ここで復習しましょう。モダニズムの一環としての社会学と、マルクス主義とが、共通に批判の対象としていた相手とは、そもそも何だったのでしょうか? デュルケムもウェーバーもマルクス主義を批判し、政治的には自由主義者であった(もっともデュルケムは社会主義そのものにまで否定的だったかどうか、よく分からない)わけですが、社会科学の理論的立場としてはどうだったでしょうか?

自由主義の立場をとる社会科学者のほとんどが「方法論的個人主義」をとるという大勢《たいせい》に逆らい、社会学はマルクス(主義者)同様、「方法論的社会(全体)主義」をとっていたのではなかったでしょうか? つまりモダニズムの主な批判対象であるところの「近代」的な社会科学とは、ホッブズ、ロックらの社会契約説の政治理論なども含み、オーソドックスな経済学を中心とした方法論的個人主義の社会科学である、といってよいでしょう。もちろんこれらの方法論的個人主義の社会科学は、道徳的価値観、政治的立場としての個人主義とは区別されなければならない。ウェーバーやデュルケムは方法論的社会（全体）主義に立ちつつ、自由主義者、つまりは（ある種の）個人主義者たらんとしたわけですが、しかし方法論的個人主義と自由主義の両者の相性がよいことは事実です。この相性のよさゆえに、マルクス（主義者）は主流派の経済学を、中立的な学問のふりをしつつ個人主義、そして自由主義に加担する「ブルジョワ・イデオロギー」であると批判してきたわけです。

ですから、非常に乱暴ですが、ここで「素直な近代」を主導する社会思想を、個人主義的な自由主義であるとしてみましょう。そしてヨーロッパ、とりわけ西欧先進諸国における「素直な近代」という時代は、この個人主義的自由主義が多くの人に理想として共有され、それが気に入らない者も無視してすますことができず、きちんと向かいあって批判しなければならないような圧倒的な存在感をもっていた時代である、と考えるのです。

一九世紀における自由主義の隆盛

個人主義と自由主義とは、完全にイコールではありませんが、互いにかなり重なりあいます。たとえば**「政治的自由主義」**は、「国家はおよそ個人の自由にとって、潜在的には最大の脅威である。しかしその一方で、それぞれの個人の自由に対しては、他の個人や国家以外の集団もまた脅威でありうる。そうした脅威を取り除くためには、やはり国家は必要である。それゆえ国家の存在は容認されるが、その権力は厳しく制限されなければならない」とする立場です。つまりここには個人主義の尊重は内包されています。これに対して**「個人主義的無政府主義」**は「個人の自由を徹底して追求するためには、やはり国家は存在しない方がよい」と断じる立場です。

一九世紀を念頭に置いて、もう少し具体的に見ていきましょう。まず経済においては、スミス以降の主流派の経済学が描くような自由な市場経済のイメージが、現実の経済の動きをある程度正確に捉えた模型《モデル》としてだけではなく、同時に、現実の経済をそこへと近づけていくべき模範《モデル》として広く受け入れられます。もちろんそれに対する批判がないわけではありません。しかしそうした論争の構図も、一八世紀までとは変わっています。一八世紀までであれば、スミス的な見方は異端といわないまでも数ある異説の中の一つであったのに対して、一九世紀以降はスミス的な経済観は「正統」となり、それ以外は「異論」「異端」「少数派」となります。かくして経済学は、個人の自由な経済活動を認め、奨励する「**経済的自由主義**」のバックボーンとなります。

政治的に見れば、ホッブズ、ロックによって基本的に完成された社会契約説は、現実の国家の成り立ちを説明する理論としてはともかく、あるべき国家のヴィジョン・設計図を提示した実証科学として広く受け入れられ、市民革命——アメリカ独立革命とフランス大革命——に大きな影響を与えます。ホッブズ、ロック自身ははっきりと民主政治を支持することはなく、自分たちの議論が絶対王政とも矛盾しないような余地を残しておいたのですが、国家体制の正統性の根拠を人民の合意に置くこの議論は、もはや人民を単なる被治者の位置にとどめておくことはできず、人民主権論、つまりは民主政治の正統化論へと道を開きます。もちろん一九世紀西欧においてもなお、王政を廃し議会制民主主義を確立した国はむしろ少数派ですし、民主政治に移行後もなお、納税額や人種による選挙権の制限が広く行われていました。しかしながら、万人における、個人レベルでの信教の自由、思想信条の自由、言論の自由を基礎として、その上に政治参加の権利の平等を主張する「政治的自由主義」の理想に対しては、少なくとも「理想」としては正面から異を唱えることが困難となります。つまりそれへの批判は、「理想はそうだが現実にはその準備ができていない」といったものとなり、「政治的自由は理念として誤っている」といった議論が立てにくくなります。

オリジナリティの尊重

では、このような経済的、政治的な個人主義的自由主義の時代として捉えられる、ヨーロッパ近代における芸術および芸術家とは、どのような存在だったのでしょうか？　極端にいえば、われわれが常識的にもっている「芸術」という観念自体が、近代の産物なのです。つまり「選ばれた特別な才能をもつ、あるいは並々ならぬ修練を積んだ「作者（普通は個人）」がいて、その作者がお金のためにではなく（もちろん結果的にお金になればうれしいわけですが）、自分の表現意欲に駆られて自由に制作したものが芸術作品である」という発想自体が、非常にヨーロッパ近代的な、特殊なものなのです。

独立した自律的な個人として、自分の仕事のオリジナリティを主張する「芸術家」などというものが登場してくるのが「近代」の出来事であって、それ以前は詩人や音楽家、絵描き、彫刻家は、王侯貴族などお偉方お抱えの一種の召使か、あるいは街頭や祭礼の場で道行く人々の投げ銭に頼っていた芸人でした。彼らの「作品」は多くの場合、今日の日用品、工業製品のように、その作者・演じ手の名などほとんど誰にも記憶されることなく消費され、忘れ去られていくものでしたし、そもそもその内容自体（たとえば詩や歌、芝居のテーマとなる物語、あるいは絵や彫刻に描かれる主題）

は、聖書やその他神話伝説、つまりは「伝統」の中からとられるパターンどおりのものでありました。「個性ある自由な個人としての芸術家による、自由な制作活動の産物としての、世界に唯一無二の芸術作品」が芸術の理想かつ標準となるのは、まさに近代のことなのです。

このような唯一無二の個性の尊重と、それゆえの個人の自由の承認という発想の意義は近代自然科学を含めた学問の勃興やその他さまざまな領域についてもいえることですが、キリがないのでこのへんにしておきます。こうした多様な個人主義、そして自由主義はもちろん、微妙に重なりあいながらもそれぞれに異なる領域に根ざしたものであり、それらさまざまな個人主義、自由主義同士の間で対立・葛藤が生じることもままあります。しかしながらそうした葛藤は致命的に深刻なものではない、という楽観が支配していた時代を「素直な近代」と呼ぶことができるでしょう。つまりおおざっぱにいえば、それぞれにかけがえのない唯一無二の個人（天才による芸術作品は、そうした個人の唯一無二性の具体的な表現です）の創意工夫による自由な経済活動が、技術を向上させて経済を発展させる。そうした個々人のめいめい勝手な活動が社会を混乱させないのは、市場の「見えざる手」の働きによるものである。市場の「見えざる手」が政治を、国家の働きを無用にするわけではないが、国家の役割は「見えざる手」がきちんと働くための条件を整備する——私有財産制度をはじめとする法と秩序を守る——ことにあり、個人の自由を過剰に制限してはならない、といった感じでしょうか。

楽観主義の崩壊

マルクス主義はこうした自由主義を、主として経済的自由主義に焦点を当てつつ「イデオロギー」として批判したわけです。自由主義的な発想によれば、現実の経済は必ずしも経済学が主張するような自由な市場経済ではないにせよ、それに近いものであり、かつ、経済学が教えるような市場経済へと現実の経済を近づけることはよいことである、ということになります。しかしマルクス主義によれば、それは人々の目を現実から背けさせる悪しき幻想だ、ということになります。市場経済は自由主義者たちが主張するほど良きものではなく、労働者階級の貧困を放置し、資本家だけを富ませ、階級の間の格差を増大させるというわけです。またそこには個人の自由を称揚するあまり、人と人とのつながり、共同性、社会的連帯の価値を忘れさせる危険もあります。

そして「モダニズム」とは、マルクス主義以上に徹底して、こうした「素直な近代」の楽観主義――さまざまな「個人主義」「自由主義」の間の予定調和への漠然とした期待――を批判する意識だった、ということになります。何となれば、マルクス主義にはこうした予定調和の楽観主義への批判はあったとはいえ、究極的には近代化に対して肯定的かつ楽観的だったからです。すなわちそれは、政治的自由主義の徹底の果てに、市場経済を克服して社会主義へと移行することを目指し、そして社会主義のもとでこそ、人間の個性の解放と真の自由が実現される――市場経済のもとではせいぜい「富める者の自由」しか実現しない――と考えていたからです。

さてここで問うべきは、この楽観主義の崩壊がなぜ起こったのか、またそれは何を意味しているのかです。いくとおりもの考え方が可能ですが、ここでは三つの解釈を出しておきましょう。一つには、多様な「自由主義」同士の間の葛藤が無視できないほどに高まってきたという考え方。第二に、一九世紀末ごろまでは、ヨーロッパ先進諸国の現状は実際にこうした自由主義の理想へと近づいてきていたのに対して、この時代になってその傾向が止まり、あるいは逆転さえしてしまったという解釈。「近代の堕落」とでもいうべきストーリーです。そして最後に、ある程度そうした自由主義の実現が進んでみると、当初は予想していなかった思わぬ副作用が出てきてしまい、それが自由主義への信頼を損ねたという考え方。考えようによっては、第一の解釈はこの考え方のバリエーションとしてその中に取り込んでしまうこともできそうですね。

マルクス主義の中には、もともと第一の解釈が潜在していたとも考えられます。つまり、経済的自由主義と政治的自由主義との間には両立不可能な矛盾がある、という考え方です。経済的自由主義は階級間の格差・不平等をなくすことはなく、かえって広げさえする、というのがマルクス主義の考え方です。そしてそのような経済的格差が、階級間の政治的な影響力の格差につながらざるをえず、「万人の政治的平等」を目指す政治的自由主義とは両立できない、あるいは市場経済における階級対立を無視して政治的自由主義のスローガンだけを唱えることは、それこそ現状を糊塗《こと》する「イデオロギー」である、というわけです。

近代の堕落

第二の「近代の堕落」とでもいうべき解釈は、相当に広く普及しています。あろうことか、早すぎる近代批判者だったはずのマルクス主義者の間にまで。いわゆる「大衆社会論」がこれにあたりますが、マルクス主義の場合には「帝国主義論」そして「国家独占資本主義論」が対応しています。一九世紀中葉までは西欧先進諸国の間でも制限選挙制しかなくて、(とりあえず男子限定とはいえ)普通選挙制が確立してくるのも、またその基盤となるはずの、義務教育に支えられた識字能力の一般化さえも一九世紀終盤のことです。さてこうして政治的自由主義、そして社会主義者たちも求めてきたはずの大衆の政治参加が現実のものとなってみると、当の自由主義者や社会主義者がある種の幻滅感を味わったようです。こんなはずではなかった、と。

どのような幻滅か? その「幻滅」を知るには自由主義者よりむしろ社会主義者、ことにマルクス主義者たちを見た方がよく分かります。一九世紀も末ともなるとマルクス主義の影響力は相当なものになり、議会政治自体が未熟で王権に抑え込まれていたとはいえ、ドイツにおいて当時マルクス主義の強い影響下にあった社会民主党は最大の政党となっていました。しかしながら西欧諸国において、革命はいまだに起きていなかったのです。

このような現状をにらみつつ、ドイツ社会民主党では一方でエドゥアルト・ベルンシュタインらによる修正主義——暴力革命を排し、選挙を通じ議会多数派となることによって、合法的かつ平和的に社会主義を実現しようとする、今日の社会民主主義の源流——が出現しますが、マルクス主義者たちも黙ってはいません。修正主義者という裏切り者の出現も含めて、労働者が多数派であるはずの先進資本主義諸国において、なぜいまだに資本家の支配を打倒する革命が起きないのかを説明する理屈が必要となったのです。大衆の政治参加が進み、労働組合運動の影響力も現実に増大しているのですから、その原因を単に資本家階級による弾圧に求めるわけにはいきません。むしろ弾圧より懐柔の方がありそうなものです。しかし、マルクスの『資本論』の予測どおりなら、階級対立を解決できないまま行き詰まるはずの資本主義のどこに、労働者を懐柔するほどの余裕があるというのでしょうか？　更にはその懐柔に乗ってしまって、修正主義などという裏切りに走ってしまう労働者の方にも問題はないのでしょうか？　なぜ労働者たちは革命に立ち上がらず、現状を受け入れてしまっているのでしょうか？　こうした「幻滅」と、それを乗り越えるための新しい思想と戦略を、マルクス主義者たちは必要としていたのです。

このような「幻滅」はマルクス主義者のみならず、自由主義者にも共有されていました。自由主義者は自由主義者で、自分たちの支持基盤になってくれることを期待した労働者や農民などの庶民・一般大衆が、意外と保守的で王様や貴族などのお偉方を支持することもあるのでがっかりしていたのです。だからといって社会主義どころか市民革命さえ嫌いな保守主義者が満足していたわけではもちろんない。彼らは彼らで、庶民が我が物顔で振る舞う新時代を嫌悪していました。こうして皆から――正確にいえば、保守派と進歩派、新旧のエリートたち大部分から――嫌われていた庶民たちはこの時代、新たな名で呼ばれるようになります、「大衆」と。

「大衆」の発見

皆さんご存知のとおり「大衆」は英語でいえば「mass」ですね。つまり物質名詞です。単なる人の集まりではないところがミソです。一人ひとりの個別性はそこでは失われている、という感覚がありますね。おまけにmassですから、これはまさに物理的な意味での「質量（のある物質）」ということです。集団というより塊としての「人」。自由主義の理想がある程度現実に近づくと、自由で理性的な個人が、合理的な市場経済と民主政治の主役になるという予想に反して、伝統のくびきから解放された一般庶民は、（エリートからすれば）わけの分からない不合理的な動きを始める。自由主義者や社会主義者からすれば、彼らは民主主義の主役とはならず、むしろ伝統にしがみついたり、国家主義に走ったり、進歩に敵対する反動性さえ帯びたものとして見える。かといって伝統的な保守勢力にとっても彼らは単純には味方とは見えない。知性も教養もない彼らはその存在自体が、ともすれば自由主義者や社会主義者以上に伝統破壊的である。

こういう「大衆」の出現——大衆という現象への注目もまた、実はこの時代における社会学のクローズアップの背景であることは間違いありません。いわゆる「大衆社会現象」それ自体の表立った主題化をウェーバーは行っていませんが、たとえば有名なニーチェ的なフレーズ「精神なき専門人、心情なき享楽人」はこのような感覚に裏打ちされていることは明らかですし、デュルケムの「アノミー」論は、見ようによってはまさに大衆社会論です。その他にもこの時代には心理学において、一人ひとりでは理性的なのに、集まると理性を失い暴力的な群れとなる人間心理の不思議を解明しようとする、ギュスターヴ・ル＝ボンらの「群衆心理学」とでも呼ぶべき試みが登場し、これは後に、社会学と心理学の境界領域である社会心理学へとつながっていきます。つまり、一人ひとりの個人の心理・意識には還元できない、集団レベルでの心理というものが、科学の対象として発見されたわけです（なお今日の「社会心理学」は基本的には心理学の一分科で、かつて「社会学的社会心理学」と呼ばれていた研究は今日では「文化社会学」「社会意識論」「メディア論」等々の名のもとで行われることが普通です)。

問題は、このような大衆の出現、あるいは、「大衆」という問題の発見が何を意味するのかですが、このへんで話をもとに戻しますと、自由主義やマルクス主義の立場に立つ論者の多くはここに、近代化の一種の「逆転」現象とでもいうべきものを見出したのです。一面ではそこに、大衆(庶民)へのそこはかとない幻滅はもちろんあったわけですが、それでも自由主義者や社会主義者は、市民革命以降の社会の進歩、近代化に対して基本的に肯定的であったために、近代化によって解放されたはずの大衆が、近代化・進歩に時に敵対し、保守的・反動的となる理由を考えようとしました。

近代官僚制という元凶

そこで出てきた解釈の一つは、社会全体の官僚制化、とでもいうべき問題です。「官僚制」とはおおざっぱにいえば、多数の人々を協力させて一つの仕事をさせるよう、システマティックに組織化する技術ですね。厳格なルールにもとづいて、各人にそれぞれ別々の職務を役割分担させ、あたかも部品として組み上げられた機械のように機能させるやり方です。

この官僚制の問題については、他ならぬウェーバーが先駆的な問題提起をしていたのですが、彼の場合には、古代や中世に存在した官僚制と、近代以降の官僚制との異同について、いま一つはっきりした見解を打ち出せずに終わっていました。それでもウェーバーは、官僚制が国家や巨大宗教などの一部にとどまっていた古代や中世と異なり、近代においては普通の人々の全生活領域にまで浸透していく傾向をもつことを指摘していました。ウェーバーは「近代化」というプロセスを、一方では独立した個人のイニシアティブによって、資本主義的企業や学問研究・芸術制作などが自由でエネルギッシュに展開する過程として捉えていましたが、その一方ではまた、「人間を部品とする巨大な機械」としての官僚制組織によって社会全体が支配されていくプロセスとしても見ており、それがあの不吉なニーチェ的フレーズに反映していたのです。

市場経済の発展の中で、その主役たる企業は、かつての小規模な個人・家族経営ではなく、それ自体巨大な官僚制組織である法人企業になる。そうした企業同士の競争はつぶしあいとなり、とりわけ巨大なものばかりが勝ち残る。勝ち残った企業は市場において独占的な優位を手にして、市場の利点であったはずの競争をかえって弱めてしまう。そうなると価格は高止まりして消費者の利益が犠牲にされ、技術革新も停滞する——マルクス主義が「資本主義の新たな発展段階」として見出した「帝国主義」「独占資本主義」とはこういう状況です。また政治においても、大衆の政治参加は政党を、志を同じくする政治家の寄り合いから、巨大な集票・集金マシーンである官僚制組織へと変質させていきます。このようにして一九世紀末以降、官僚制の網の目が、伝統のくびきや封建的身分制の重圧から解放されたはずの民衆を、以前よりも合理的なぶん、より強力でさえあるコントロールのもとに再び捕えてしまう——このようなヴィジョンが展開されたのです。

これはもちろん単純な近代化の「逆転」「先祖返り」ではないですが、近代の理想が個人の解放にあったとすれば、その目標からの後ずさり、「堕落」には違いありません。とはいえウェーバーが近代化に「個人の解放」と「官僚制の発達」という、いずれは衝突しかねない二つの契機をもとから読み込んでいたことを思えば、この「堕落」は第二の解釈としての「逆転」よりも、第一、あるいは第三の「副作用」解釈にこそつながるのかもしれません。あるいはまたデュルケムにしても、『社会分業論』においては組織社会への移行＝近代化にともない、それにふさわしい有機的（組織的）連帯が発達するとの楽観論をとって、アノミーを「過渡的現象」と位置づけていたわけですが、『自殺論』では少しニュアンスが違ってきます。これもまた、古典自由主義的な予定調和論の否定であり、かつ、「逆転」論でもないタイプの議論として読むことができます。

「近代の自意識」としての社会学

さて、ここまでくれば、社会学の、そしてモダニズムの背景とはどのようなものとぼくが考えているのか、だいたいお分かりでしょうから、まとめてみましょう。

ここでいう「近代」とは、ことに一八世紀の「啓蒙」の時代の思想家たちに分かりやすく表れているような理念——個人の理性を基本的に信頼し、それを伝統の重荷から解放する＝自由にすること——が広く理想として受け入れられ、目指された時代、ということになります。一九世紀末までを「素直な近代」と呼ぶのは、この理想の実現可能性が基本的に疑われなかったからだといえます。「素直な」とは「やさしい」という意味ではなく、その副作用が真剣に考慮されなかったというわけです。そうした楽観はまた、実はこの時代はいまだ近代の理念が十分に実現されていたわけではなかったからでもあったでしょう。

この「素直な近代」におけるリーディングな社会理論は、自由主義的かつ個人主義的なものでした。ホッブズ、ロックらの社会契約論に見られるように、社会秩序を個人の意思と行為によって作り上げられるものとして理解するのです。個人に先立ち、個人を拘束する伝統というものも、突き詰めれば、個人の意思で変えられる。更にはそうした伝統でさえ、その起源をさかのぼれば、社会以前の「自然状態」における個人たちの意思に還元できてしまう――そのような個人主義がそのバックボーンにありました。

もちろん一八世紀に、ヒュームのコンヴェンション論やスミスの「見えざる手」論のような、個人の意思には還元できないメカニズムとして社会的なる何かを位置づける議論も登場してきますが、それらは個人の自由を制約し抑圧するものというより、むしろそれを支えるものでした。しかしながらマルクス主義を経て、一九世紀末、「大衆」のイメージとともに浮上したものは、もっと不気味な何かだったのです。個人にとっては動かしがたい制約で、しかも、うっとうしくも安定して分かりやすかったかつての「伝統」とは異なり、不透明で不安定な何か。そうした不気味で不安定な経験が「群衆」「大衆」といった言葉で表現されていたのであり、それが社会学という学問への世間的なニーズの母胎となっていったのです。

「素直な近代」は自由で理性的な個人への信頼とともにあった。そして「個人の解放」という理想が少しずつ実現していくにつれ、社会は透明で見通しやすくなるどころか、かえって不透明になっていった。「伝統」のくびきが取れ、個人による構築物として社会は捉え直されるかと思いきや、かつてとはまた異なる形で、個人の外側にあって個人を制約する「社会的なるもの」のイメージに人々はとりつかれ始めた。社会学とはつまり、このような意味での「社会的なるもの」に迫ろうとする学問であり、そうである以上、それは近代の理想の追求の果てに見えてきた不気味なものとの対決であるという点で「素直な近代」への批判、「近代の反省」の作業に他ならないのです。

では、この「近代の反省」としての社会学が、いったいなぜ「意味・形式の学問」でなければならないのでしょうか？

形式の変容可能性についての学問

そもそも社会学の考えるところでは、近代以前の社会もまた、いや近代以前の社会こそ、個人の理性に先立ち、前もって神が、あるいはご先祖様が用意した意味・形式の集積＝「伝統」の支配する社会です。そして社会学によっても近代は、そうした伝統の拘束が緩んだ社会として捉えられています。しかし伝統が緩み、解体していくということは、個人の理性に先立って成り立っている意味・形式それ自体が解体する――個人の理性がまっさらの「自然」から立ち上がってくることを可能にする――ということを意味したわけではないのです。個人の理性、すなわち物事を知り、感じ、評価し、判断し、行動するその形式は、それぞれの個人の存在に先立って成り立っており、一人ひとりの個人は、ゼロから自力で新しくその形式を構築するのでも、また生まれながらにそれをそなえているのでもなく、いわば、世界の中にすでに存在しているそうした形式の中に新たに生まれおちてくる。個人たちにできることは、そうしたあらかじめ存在する意味・形式の体系に、少しずつ新たな改変を行うことではあっても、ゼロから新しく組み上げることではない。そんなことは個人はおろか、たくさんの人々の協力によってもできはしない。

では近代の以前と以後とで、「社会的なるもの」についての人々の経験において、いったい何が変わったというのか？　「伝統社会」、近代以前の社会においては、人々はそうした社会的な意味・形式の秩序を不変の「伝統」として捉えたのに対して、近代以降の社会においては、人々はそのような社会的な意味・形式が変わりうること、それは歴史的・時間的に変化するし、地理的・空間的にもさまざまに異なりうること、を知ってしまったことにあります。

「素直な近代」においては「伝統の解体」による社会的な意味・形式の相対化・多元化がもたらす不安定性があけた大穴を、自由で理性的な個人の普遍的な人間性＝人間的自然への信頼が埋め戻していました。つまりはそれが「ヒューマニズム」です。しかしその「ヒューマニズム」の賞味期限が、一九世紀末ともなると切れてくる。あるいはこの自由主義的な「ヒューマニズム」自体、急ごしらえの「伝統」の代替物、あるいはそれ自体一種の「伝統」に他ならず、いずれ解体しかねないものであることが見えてくる。

やはりこの場合も芸術の例で考えると分かりやすいのですが、近代以前の芸術、というより「芸術」以前の芸能や制作活動においては、作り手はただ昔からの伝統を再生産することを繰り返し、その中で期せずして、結果的にオリジナルで新しいものがたまに生まれてくる。しかしそれはあくまでもまれなことで、伝統そのものを破壊することはなく、むしろそれを活性化させる働きをする――といった具合だったと推測できます。これに対して近代の「芸術」においては、オリジナリティこそが目指されるべき理想となり、芸術家は伝統を意識することもなく自明なものとして受け入れて、その土台の上で、その枠内で「オリジナリティ」を追求します。しかしモダニズムの時代、形式主義（フォルマリズム）の時代においては、芸術家はもはや形式の自明性を信じることはできません。ここで重要なことは、この時代の芸術家は、目の前の特定の形式に全幅の信頼を寄せられない――芸術にはさまざまな形式がありうるのだから、今そこにある特定の形式が最善とは限らない――と同時に、芸術制作にとって（そしてついでにいえば、その鑑賞にとっても）何らかの枠組み、形式が絶対に必要であることも、また自覚しているのです。

再帰的近代化

今回の話は入り組んでいたので、軽く結論だけまとめておきます。社会学は「社会的に共有される意味・形式についての学問である」というのはもちろん、それが「物理法則のように普遍的かつ不変の法則としての社会秩序についての学問である」ということを意味しません。そうではなく歴史的に、また人類学の知見が教えるように（というより、西欧列強による世界の植民地化によって学ばれたように）、社会秩序のありようや、そこで暮らす人々の生活様式・価値観は多種多様で多元的です。つまり社会学は「**社会的に共有される意味・形式の可変性・多様性についての学問**」である、というわけです。

「素直な近代」においては、このような多様性は西洋人の自意識をそれほど揺るがしはしませんでした。むしろ市民革命・産業革命以降の西欧列強による世界制覇が、西洋近代文明・文化の特権性を強く意識させ、西洋近代文明・文化は多種多様な文化の中でも特別で「普遍的な」文化であるという、悪くいえば「独善」の中に西洋人の多くは安住していられたのです。しかしながら一九世紀末以降、こうした「独善」が、他ならぬ西欧先進諸国の内側から揺るがされることによって、社会学が本格的に目覚めてくる、というわけです。こうした自覚のプロセスを、近年の一部の社会学者は「**再帰的近代化**」と呼びます。これはいうまでもなく、先に触れた「近代の反省」と別物ではありません。「近代」とはある意味「伝統の反省」ですが、他ならぬその「近代」それ自体もまた、長く続くと一個の「伝統」と化してしまうので、それに対する反省、つまり「近代化の自己適用」が行われるというわけです。

平たくいえば社会学は「意味・形式についての学問」であると同時に「危機の時代」に、「危機意識」をもって生まれた、「危機」についての学問だ、ということです。「危機についての学問」だというのは、社会学が「意味・形式の変容の可能性」についての学問だからです。「危機」というのは変化、とりわけ安定していた何事かの変化、安定した状態の崩壊を意味しますからね。

さて次回は、この「危機の学問」が確立する、つまり制度的に安定してしまうとはどういうことなのか、について考えてみるとしましょう。

第12講●二〇世紀後半以降の理論社会学――パーソンズ・フーコー・構築主義

機能主義の発想

いよいよこの講義も大詰めですが、最後に相当ややこしい話になりますので、心してください。

前回、一九世紀末から二〇世紀初頭において成熟した「社会学」という学問は、一言でいえば「社会的に共有される形式と、その変容可能性についての学問である」とまとめました。こういう発想にもとづいた理論社会学のプロジェクトの頂点が、二〇世紀中葉に活躍したアメリカ合衆国の社会学者、タルコット・パーソンズです。社会を一定の価値観・規範を共有し、それを内面化した人々の集まりとみなし、そうした人々の行為のネットワークをシステムとして捉え、更にその変動メカニズムまでをモデル化した理論を作ろう――パーソンズはそのように考えて、壮大な理論モデルを試行錯誤して作り上げていきます。今日でもわれわれはしばしば「社会システム」という言葉づかいに出会いますが、それはパーソンズによって広まったものである、といえます。

成熟期のパーソンズの理論は「**構造機能主義**」と形容されます。「機能主義」という言葉は今日でも他の分野で、少しばかり違った意味で用いられることもあるので注意していただきたいのですが、ここでいう意味での「機能主義」とは、二〇世紀前半の人類学・社会学において出現してきた方法論です。「機能function」とはおおざっぱに「意味のある働き」とでも理解していただければよいでしょう。たとえば人類学者はいわゆる「未開社会」の宗教や迷信など、合理的な根拠のない思い込み・慣習などがなぜ存在しているのかについて考えたわけです。そうした非合理的な迷信は、いわば「間違った（偽の）知識」であるわけで、役に立たないどころか有害でさえあるように思われます。

ではなぜそのような迷信が存在するのか？　ここで人類学者たちは、「なぜそのような迷信ができたのか？」についてではなく、「なぜそのような迷信が、事実に照らして誤りであるにもかかわらず、訂正されずに残っているのか？」について考えるのです。そういう迷信ができてしまう理由自体は、多分に偶然に左右されるものであり、さして重要ではない。しかしそれが訂正されずに残ってしまう理由の方は、解明に値する重要事なのだ、というわけです。

さて、そうした迷信が訂正されない理由としては、近代科学の発達以前の多くの社会における天地創造神話のように、そもそも社会がもっている技術の範囲内で事実を確かめる方法がない、というものが考えられます。しかもそういう天地創造（地球と宇宙の成り立ち）についての正確な知識は、少なくともそれらについて知ることができない程度の技術水準の社会にとっては、なくてもとくに困ることはないでしょう。間違った知識でも、真偽を確かめる手段がなければ訂正できませんし、またそうした無知・誤解がとくに有害というわけでなければ、訂正される必要もありません。

更に別の例でいうと、日本の古い迷信の一つ「夜、爪を切ると親の死に目にあえない」（今の若い皆さんはご存知でしょうか？）について考えてみましょう。これはまったく無根拠で誤った主張ですが、とくに害があるとも思えません。それどころか、利益をもたらす可能性もあります。なぜか？　産業革命以前の、ロウソクや行燈《あんどん》に頼った夜間の照明のことを考えてみてください。薄暗がりで爪を切ったらケガをしかねないでしょう？　だとすればこの迷信に従うことは、結果としては有益でありうるわけです。

機能主義的な解釈によれば、残存している迷信とは、知識としては間違っているが、その本来意図されたメッセージ内容とは別のところで、思わぬ副作用として利益をもたらしうる。その上、右記の「爪切り」のような無害無益の迷信でさえ、人類学者や社会学者によれば、利益をもたらす可能性があります。つまり、それが人々の間に共有された「常識」となっていることで、社会的な連帯感や共同性を高めるという可能性です。デュルケム的な発想ですね。「宗教」とはそういうものだ、ということです。

このような発想は、社会秩序を意図的な構築物ではなく、「意図せざる結果」と解釈するわけですが、考えてみればスミスの「見えざる手」以来の近代社会科学の伝統芸で、根本的に新しいものではないですね。しかしこの発想でありとあらゆる社会現象を見ていくというスタンスが、人類学者から実証的な社会学者の間にあっという間に定着していったのが二〇世紀の中葉のことです。パーソンズはこの機能主義の発想を、より抽象的な社会システムの一般理論に組み込みました。

パーソンズ理論とその衰退

非常に乱暴にいえば、ここでパーソンズは社会のアイデンティティを「構造」という言葉で表現し、その本体を主として、先に述べたように人々の間で共有される規範・価値観の体系であると考えます。価値観を共有した人々が共存し、分業のネットワークを形成してそれぞれいろいろな活動をしていく。そうした社会の中の個別の活動が、全体としての社会、とりわけ「構造」に対して及ぼす効果を「機能」という言葉で捕まえようというわけです。社会の中の個別の活動、いわば「全体」に対する「部分」の活動が、「全体」の維持・存続に対してプラスの貢献をしていれば（つまり「機能」を果たしていれば）、その「部分」もまた存続するだろうが、その逆であれば（「逆機能」といいます）、その「部分」は縮小し、なくなったり、「機能的」になるよう変容するだろう、という推論がここではなされます。更にこうした「逆機能」があまりに大きければ、局所的な変動ではすまず、ことによっては「全体」レベルでの社会変動、あるいは社会そのものの崩壊までもが起こるかもしれない――このような枠組みをパーソンズは考えていました。「構造機能主義」という名称の所以《ゆえん》はお分かりですね。

パーソンズ理論は一時期、アメリカを中心に一世を風靡《ふうび》し、パーソンズの理論枠組、パーソンズの言葉づかいを援用した理論研究や実証研究が、一九七〇年代初頭くらいまではかなりたくさん出現したのですが、その後急速にしぼみます（パーソンズ自身は一九七九年に亡くなります）。そして以後は、この講義の最初の方で説明したとおり、社会学理論の百花斉放《せいほう》というより、百鬼夜行状態が長らく続いています。では、パーソンズは乗り越えられたのかといえば、おそらくそういうことではありません。パーソンズの出した「答え」は結局受け入れられず、パーソンズ理論それ自体の直接的な継承発展はほとんど行われなかった。結局パーソンズ理論も個人的な名人芸の域を出られなかったけれども、パーソンズの立てた「問い」――「社会的に共有される形式と、その変容可能性についての一般理論を作りたいのだが、どうすればよいのか」――の方はそのまま残り続けていて、さまざまな理論家たちがそれぞれの仕方で取り組んでいる、といったところでしょうか。

パーソンズが自分の作業をするときに参照したのは、物理学、経済学、それからサイバネティクスです。「サイバネティクス」とは、今はほとんど死語となってしまいましたが、今日ではおおむねシステム制御工学やロボット工学に受け継がれている分野だと思ってください。複雑なシステムを作り制御することについての学問です。一九四〇～五〇年代に、理論経済学が数理科学として一応の体裁を整えます。少し先だって物理学における「解析力学」――時間・空間の中での物質とエネルギーの振る舞いを、連立微分方程式でモデル化するアプローチ――が完成するのですが、これをお手本にした市場経済のモデル、市場における人々の取引行動を連立方程式で表す理論がこの時代に完成します。パーソンズはこれらを具体的な模範というよりは、目指すべき理想とし、システム理論としての理論社会学を構想しました。

この構想は結果としてはあまり首尾よくいかなかったわけですが、それはいったいなぜでしょうか？　その理由をここではあえてパーソンズ理論本体よりも、それが目標・理想としていた工学的制御理論や経済学理論を念頭に置いて、考えていきましょう。

工学的アプローチと科学的アプローチ

システム理論が同じような連立微分方程式モデル――「力学系Dynamical System」といいます

——を用いていても、その使い方、問題意識はさまざまです。ここではおおざっぱに、「**工学的アプローチ**」と「**科学的アプローチ**」という二つのスタンスをとりあげましょう。

前者の「工学的アプローチ」は、対象をなんとか思いどおりに動かして、ある目標を達成しようとするアプローチです。たとえばロケットを打ち上げて人工衛星を周回軌道に乗せるとか、あるいは月まで届けるなど、「ものを動かす」アプローチだと考えてください。

他方、後者の「科学的アプローチ」は、「ものの動きを理解する」アプローチです。ここで一口に「ものの動き」といっても、そこには一定のパターン・秩序が見出されるからこそ理解が可能なのだ、ということを忘れないでください。経済学が対象とする、市場における取引のネットワークにせよ、あるいはまた自然界、生態系における多種多様な生き物たちの間の競争と共存のバランスにせよ、多種多様なものが、誰にコントロールされることもなくめいめい勝手に動き回っていながら、全体としては一定の安定したパターンが崩れずに維持され続けている——このダイナミックな秩序を理解しシミュレートするために、力学系モデルが用いられます。だから正確にいえば「ものの動きの中の秩序を理解する」アプローチといえましょう。

「科学的アプローチ」においては、物事がでたらめで予測不能な混沌《こんとん》に陥っていないことから、そこにまだ知られてはいないけれど、一定の秩序や法則性がちゃんと存在していると予想され、その未知なる法則性の理解が目標とされます。それに対して「工学的アプローチ」の場合にはどうでしょうか？　工学的アプローチの場合には、すでに操るべき対象となるものの性質・運動法則は基本的に知られ理解されていて、その知識にもとづいて対象を操作する、という具合になっています。

さて、経済学、社会学などの「社会科学」の場合は、どちらなのでしょうか？　ホッブズ、ロック時代の社会契約論においては、国家や社会秩序自体が意図的な構築物として描かれているぶん「工学的」といえそうですね。より正確にいえば、「工学的／科学的」というスタンスの違い自体が、まだほとんど意識されていない。これに対してモンテスキュー、ヒューム、スミスあたりからは、はっきりと「科学的」なスタンスに重心が移動します。「見えざる手」という発想をスミスから引き継ぐ今日の経済学にも、それは流れ込んでいます。そして社会学もまた、経済学以上に「価値自由」を標榜し、政策的実践からいったん距離をとろうとする「科学」志向が強いといえます。

しかし同時に、経済学も社会学も、反面ではやはりどうしても、社会問題の解決を目指す政策科学として、「工学的」なスタンスを捨てきれないところはあります。つまりは「虚心に目の前の現実を理解する」だけではなく、「世の中をよくする」「目の前の現実を変える」ことについても考えざるをえないのです。

見果てぬ夢としての「社会変動の理論」

社会学のやっかいなところ、そして経済学よりも社会学の方が野心的であるがゆえに抱え込んでしまった難問は、社会学が「社会的に共有される形式と、その変容可能性についての学問」である——少なくとも、そうありたいと熱烈に願っている、ということから帰結します。経済学は先のディレンマ——「科学的」であることと「工学的」であることとの間に引き裂かれること——にどう折り合いをつけているのでしょうか？　それは案外、普通の工学や自然科学の技術的応用の場合とあまり変わらないのです。

ごく乱暴に、狭義の自然科学は未知の法則性について探求し、狭義の工学は既知の法則知識の応用を目指す、という分業が成り立っているとしましょう（もちろん実際は、こんなふうにきれいには分けられなくて、その根拠の理解もなしに、経験にもとづいて行われてきた工学技術に対して、科学的基礎づけが後からくるなどということは日常茶飯事ですが）。経済学もまた、そのような問題意識の切り分けをした上で、政策提言に乗り出すのです。つまり、市場経済の法則だとか、更にその背後にある経済主体の行動原理だとかについてはもうすでに分かっている、と割り切った上で、それと折り合いをつけながらどう世の中を変えていくのかについて考えるのです。

ところが社会学の場合には、「このあたりまではもう分かっている」と割り切るべきポイントを見つけることが難しいのです。なぜなら社会学の目指すところは「社会的に共有される形式と、その変容可能性についての学問」なのであり、その「変容可能性」のもとにある「形式」の中には、道徳とか価値観とか世界観とか、人間のものの見方や考え方・行動様式全般が入ってしまうからです。社会学の立場からすれば、経済学がとりあえず「まあ、こんなものだろう」と想定する人間の行動原理もまた、歴史とともに、社会的文脈によって変容しうる相対的かつ多元的なものです。しかしながら逆説的にも、このような「社会の変化の可能性に対する敏感さ」ゆえに、社会学は政策的実践、ひいては社会運動まで含めて「社会の変化に実践的にコミットしていくこと」が苦手になっていかざるをえないのです。

どういうことでしょうか？　政策介入とは「意図したとおりの変化を社会に引き起こすこと」で

す。そのためには「こうすればこうなる」という、社会の変化についての一定の法則性が分かっていなければなりません。つまり、意図どおりの予測可能な変化を引き起こすためには、その変化を引き起こす一定の法則についての知識が必要です。したがって政策介入とは「予測可能な社会変動を、予測どおりに引き起こすこと」といえます。しかし「予測可能な社会変動」とは、いったい何を意味するのでしょうか？　その社会変動の予想を可能とした、つまりはその社会変動をも支配している法則自体は、その変化の前と後とでは変わらない、ということになります。それゆえ政策的実践（工学技術）は、ある一定の法則性の範囲内での変化を引き起こすことに他ならず、問題の法則性自体は変わらないことを前提としているのです。

先に「経済学は（そして自然科学を前提とした工学も）割り切っている」といったのはこういう意味です。経済学の場合なら、「とりあえず「合理的経済人」モデルで行けるところまで行こう」、というわけです。ところがウェーバー、デュルケムとともに、自立した分野として物心ついた社会学は、本来的にこの割り切りが苦手なのです。社会学は、むしろこうした割り切りを避けて、未知の発見・出会いや予測不能な変化の可能性に心を開いておき、それを理解しようと努めるところに、経済学や政治学など他の社会科学から己を際立たせるアイデンティティを見出してきたきらいがあります。しかしながらこのようなスタンス、「科学的」というよりも更に受け身で懐疑的な「哲学的」――というと語弊がありますから、あえていうなら「メタ科学的」――な姿勢は、社会学をして政策実践から距離をとらせるだけではありません。「予測不能な変化の可能性への感受性」というメリットは、「予測可能な変化についての予測能力」を犠牲にするというコストを払うことによってはじめて、社会学のものとなっているのではないか、ということです。

予測不能な変化へのそなえ——フーコーの作法

ここからもう一歩踏み込みましょう。以上の議論が正しければ、なにも政策的な応用実践を目的とせず、ただ「科学的」理解に徹するにしても、「変化」を理解し説明するためには、とりわけ「変化」を予測するためには、その変化を根拠づける同一不変の法則性があることを前提とし、それを見つけなければならないのではないでしょうか？　おそらくはマルクス主義の史的唯物論や、それに類似のさまざまな発展段階論もまたそのようなものでした（史的唯物論の場合には、「革命」という社会変化をもたらす指針として、一種の超マクロ社会工学の基礎づけとみるべきかもしれません）。しかしながらウェーバー、デュルケム以降の社会学、モダニズムの子である社会学がこだわった「変化」とは、どちらかというと予測不可能な変化だったはずです。

なぜそういえるのか？　社会学が受け継ぎ、乗り越えようとした最大の対象がマルクス主義であったとしましょう。マルクス主義には右記のとおり、史的唯物論という歴史理論があったわけですが、ここに更にイデオロギー論をつけ加えてみます。マルクス主義によれば、普通の人々の世界観、そして社会観は、その社会環境によって規定されていて、その限界を超えることができません。ということは、普通の人々の世界観によっては、その世界観を生んだ社会環境それ自体の変化は、予測も理解もできないということになりそうです。それに対してマルクス主義者は、そうした部分的に限界づけられた世界観を超えた、正しい歴史認識をもっている、というわけです。

このマルクス主義の「自分こそが正しい」との独善を撃つのは簡単です。しかしその後はどうすればよいのでしょうか？　マルクス主義の歴史理論に代えて、より優れた歴史理論をもってきて、「こちらの方が歴史の動向を正しく予測できる」としてしまったのでは、マルクス主義の独善を繰り返すだけです。その轍《てつ》を踏みたくないのであれば「過去の人々の世界観がそうであったように、われわれの世界観、歴史観、社会認識もまた、限界づけられたものにすぎない。そしてそうである以上、その限界の向こう側は、少なくとも現在のわれわれには、正確に知ることはできない」と禁欲せざるをえません。となるとその結果残される課題は「変化を予測すること」ではなく、「予測不能な変化の可能性にそなえること」にならざるをえないでしょう。

しかしながら「予測不能な変化にそなえること」とは、具体的には何を意味するのでしょうか？　それは学問というより、単なる心構え、人生訓なのでしょうか？　そうではありません。

現在、そして未来に対するこのスタンスを、過去に向けてみるとどうなるでしょうか？　すでに確定された事実の集積である過去の歴史的な出来事も、それが起きたまさにその時点、その出来事にとっての「現在」においては、流動的で予測不能な「未来」に向けて開かれていたはずです。現時点から振り返れば必然に見える歴史的ななりゆきも、その時代を生きた当の人々にとっては、さまざまな可能性のうちの一つでしかなかったはずです。そのような「忘れられた可能性」を掘り起こす作業であれば、単なる心構えにとどまらない、有意義な知的営みとなるでしょう。考えてみれば「機能主義」の方法論も、日常的な社会的事象の中に、普段人々が意識していない意義を見出すことを目指すわけですから、この「忘れられた可能性の発掘」と地続きであるはずです。このようなスタンスから歴史、ことに西洋近代の学問の歴史の読み直しを進めて広く影響力をもち、社会学者でもないのに、二〇世紀末以降の社会学に決定的な影響を与えたのが、フランスの哲学者（？）ミシェル・フーコーです。

「忘れられた可能性の発掘」とはいっても、フーコーがやろうとしたことは、ただ単に、歴史上有名な重大事件や、国家や市場経済などの強大な力の陰に隠れて無視されがちな些末事の歴史的な意義を発掘する、というだけのものではありません。また「架空戦記」ものののように、「歴史におけるif」、起こりえたいま一つの可能性を発掘する、ということでもありません（そもそも「架空戦記」レベルの「if」、つまり「もしあのとき桶狭間《おけはざま》で織田信長が敗れていたら」といった程度のことならば、十分にわれわれにとって思考可能です。その程度のものは「忘れられた可能性」などではありません）。

フーコーの仕事は、そうした個別の可能性のレベルにではなく、もう少し違ったところに照準を当てています。フーコーの関心は、そうした歴史的な可能性を成り立たせていた地平そのもの、具体的にいえば、一つひとつの可能性を見出して比較する認識枠組それ自体の方にあります。すなわち、現代人とは異なる仕方で、過去の人間が世界を体験し、認識していた仕方そのものの復元です。もしも過去の人々が、現代のわれわれとは異なる仕方で世界を経験しており、しかしわれわれがそのような経験の仕方を忘れているならば、ほとんど記録が残っていない些末事はもちろんのこと、われわれがよく知っている歴史的な事実もまた、未知のものとして新たな相貌を現すでしょう。フーコーが科学や思想の歴史を通じて探り当てようとしたことは、そうした過去の科学の背後にある、人々の思考の形式、経験の形式です。

「社会変動の理論」の不可能性

さて、「変化」に対する二つのスタンス、二とおりのアプローチを見てきました。過去を含めた自分たちの既知の状態を前提として、その延長線上に未来、あるいは別の社会のありようを「予測」しようとする工学的アプローチと、その反対に現在から未来を流動的で不確実なものと見るのみならず、過去さえもそうした潜在的な「未知」の集積として「異化」しようとするフーコー的アプローチ。これは過去の歴史についてのみならず、別の社会の異文化の理解（人類学の伝統的なテーマですね）にも関係してくる問題です。他者を「自分と同質なもの」と想定するのか、あるいは自分自身をも一種の他者として異化するのか、ということです。

この両者は決して矛盾したり対立しあったりするものではなく、それどころか相互補完しあうものでさえあるのですが、一度に両方を同時に追求すべきものでもありませんね。では社会学はそのどちらなのでしょうか？　ぼくの考えでは、すでに述べたように、ことに既存の他の社会科学との差別化を図るのであればなおさら、社会学は後者の「異化」の道に重心を置かざるをえません。そしておそらくそれは、パーソンズ理論のストレートな継承がなされなかった理由とも関係があります。

パーソンズ理論に対してはしばしば、それが物理学・経済学、とりわけ前者の「均衡」理論を模範にしていただけに、「本質的に保守的・秩序志向的で、歴史・社会変動の解明に向かない」という批判がなされました。それに対してパーソンズ支持者からは、「パーソンズの構造機能分析においては、「システムの部分はその機能が果たせなければ変化せざるをえない／それに失敗すれば今度はシステムそのものが変容・解体の危機に瀕する」というふうに社会変動を理解する枠組みがきちんとそなわっている」といった反論が提示されました。しかしながらこの応酬は、今となってはどちらもピント外れだったとしかいいようがありません。

まずは「パーソンズ理論は保守的だ」というたぐいの批判は「価値自由」の一言で切って捨てればすみます。それは俗流マルクス主義による、正統派の経済学に対する「ブルジョワ・イデオロギーだ」といういいがかりの反復にすぎません。もちろんパーソンズ理論にもそれなりのイデオロギー的偏向がある。しかしそういう偏向から自由な理論など、どだいありえないのですから、これはパーソンズ理論特有の弱点などではありません。

パーソンズ理論の問題はむしろ、社会変動の扱いにあったと考えるべきでしょう。といっても、一部の批判者たちがいうように、パーソンズ支持者たち、そしてパーソンズ自身が、社会変動を軽視していたというつもりはありません。むしろ反対にパーソンズたちは、構造機能主義の社会理論を、社会構造の変動を説明する理論として完成させようという野心をもっていたと思われます。しかしその変動理論が「将来の変化を予測できる理論」を意味していたのだとすれば、そのような理論は、それこそ物理学や経済学（あるいはマルクス主義）のように、その根底に「同一不変と想定するしかない構造・法則性」を置かないわけにはいかないのです。しかしながらパーソンズ主義者たちは、社会学者としてそのように割り切ることができなかったため（割り切ってしまえば、マルクス主義や経済学と同じ地平で喧嘩するはめになり、優位に立てなくなってしまいます）、彼らの理論的な目標はどっちつかずの宙ぶらりんとなってしまい、その構想は魅力を失っていったのです。

かといってこれはパーソンズ批判者の正しさを裏づけているわけでもありません。もしも批判者たちがパーソンズ理論はおろか、経済学もマルクス主義も超えた「理想の社会変動理論」を求めていたのだとしたら、それはないものねだり、不可能な希望であるはずだからです。

社会的構築主義

ぼく自身の個人的な感想をいわせてもらえば、現在の社会学は、このパーソンズ的宙ぶらりんの状況にいまだにとどまっています。しかしそれはいたしかたない、不可避の状況だと考えるべきでしょう。

二〇世紀末以降の社会学においては、一方ではミシェル・フーコーの絶大な影響のもと、歴史学者と時に張りあい、時に協力しあいながら、「人々が同時代をどのように経験し、認識し、理解してきたのか」についての歴史研究（フーコーは「知の考古学」といった言葉を作りました）が発展し、またこうした「異化」のまなざしを現代の常識に向ける「**社会的構築主義**」（社会的に人々が共有している思い込みや常識を文字どおり歴史的に「構築」されたものとして「異化」「相対化」するという方法論）にもとづいた研究が隆盛しました。

この「社会的構築主義」の発想からすれば、いわゆる「社会問題」とは、ただ単にそこに実際に起きている出来事のことではありません。その出来事を目撃し、それが解決を必要とする「問題」であると考える人々がいて、なおかつ、そうした人々の意見が世論を強く動かして初めて、その出来事は「社会問題」となるのです。たとえば大衆の貧困にしても「近代」に始まったことではなく、有史以来庶民の多くは、食うや食わずの貧困の中に暮らしていたと思われます。それが近代以降「社会問題」となったのは、貧困・富の不平等を、当たり前のことではなく、道徳的な不正だとみなす新しい価値観が登場し、またそれは宿命ではなく解決できるし、しなければならない問題だ、とする意識が出現してきたからです。現実の貧困自体は、平均的にみれば近代化によってどちらかというと着実に解消されてきたはずですが、同時に、貧困を「社会問題」とみなす意識の方も発展してきたため、いつまでたっても「貧困問題」は消えることがないのです（格差・不平等は貧困それ自体とはまた区別すべき問題です。社会の全員が絶対的には豊かになりつつ、その間の相対的な格差は広がっている、という状況は十分にありうる――まさに今現在の世界がそうかもしれません）。

あるいはドメスティック・バイオレンス（直訳すると「家庭内暴力」ですが、主に配偶者・恋人間暴力のことを指しますね）、児童虐待という「社会問題」について考えてみましょう。これが「夫婦喧嘩は犬も食わない」といったことわざに表されるような「私事《わたくしごと》」から、公的な介入・支援を必要とする「社会問題」とされるようになったのは、ごく最近のことです。しかしながら歴史的に見れば、夫による妻の虐待も、親による子供の虐待も、非常にありふれた出来事でした。数的にいえば、むしろ今の方が少ないかもしれません（近年日本で起きていると思しき児童虐待の急激な増加は、専門家によれば、こうした長期的な傾向とはそれほど関係ありません。その原因は主として不況による生活苦・貧困にあり、景気が上向けば減少すると予想されています）。

この種の「異化」的な研究に意義がないとはいいません。その反対です。しかしながらそうした作業は、終わりない「異化」の繰り返しであって、決して「一般理論」には到達しません。してしまったらむしろ失敗ですし、またこうした作業はどうしても具体的な素材を解読することによって行うしかなく、抽象的な理論的思考だけでやろうとすると空転するか、もはや社会学とはいえない「哲学」になってしまいます。しかしそうなると本職の哲学者にはかないません。

「割り切る」ということ

他方では、ことに政策志向の研究者たちの間では、多元化する社会の複雑さを正面からモデル化しようとするのではなく、むしろ経済学者のように割り切って、あえて単純で限定的な理論を用いて、地道な実証や予測を行っていこうという動きもあります。しかしここでも困った問題が生じます。「割り切ってあえて単純なモデルでやってみる」という点では、経済学者たちに一日《いちじつ》の長があるからです。

更に困ったことには、二〇世紀末あたりから経済学者たちが、かつては社会学者たちの領分だったはずの社会現象——恋愛、結婚、出産、育児等の「家族」、あるいは学校教育や科学研究、更には選挙、議会制といった「政治」、そして自殺や犯罪——にまで、自分たちのシンプルな「合理的経済人」モデルを携えて大胆に切り込んでくるようになったのです。最初のうちはもっぱら純粋理論的な作業が目立っていたので、社会学者たちも「ふん、視野の狭い奴らめ、人間はもっと複雑でデリケートなんだよ」と嗤《わら》っていられたのですが（それでも学校教育と労働市場との関係については、早いうちから実証研究が進みましたが）、そのうちに統計を駆使した実証分析が、社会学者、人類学者、心理学者などとの共同作業によって蓄積され始めると、そうもいかなくなりました。シンプルなモデルを大胆に使って現象に切り込み、もちろんその全部を説明し尽くすことはできないけれど、気づかれていなかった意外な事実を発見する——そうした業績が、経済学者たちのリードによってどんどん蓄積されていきます。

もちろん経済学者たちも、自分たちの「合理的経済人」モデルの単純さには気づいており、時にはそれを修正してもっとリアルにした方がよいことも理解してはいます。実際、そうしたよりリアルな人間モデルによる経済分析、たとえば「行動経済学」のような新しい分野も発展してきました。ただし行動経済学の興隆にあたって気になるのは、もちろん社会学者たちの仕事も参照されてはいますが、多くの場合より参考にされているのは心理学、神経科学、コンピューター・サイエンスの業績だ、ということです。

パーソンズ以降の二つの潮流

さて、これでいよいよこの講義の最初に触れた、現代の社会学における一般理論の不在の背景について、とりあえずの答えを提示することができそうです。

身も蓋《ふた》もなく割り切ってしまえば、こういうことです。デュルケム、ウェーバー以降の社会学が目指してきた方向にのっとった「社会学の一般理論」というものがあるとすれば、それは「社会変動の一般理論」とでも呼ぶべきものになるでしょう。しかしながら冷静に考えてみれば、そのようなものは原理的に作ることはできない。

繰り返しになりますが、社会変動の理論、それもいわば「前向き」の、社会変化を法則的に予測する理論を立てるためには、変動を引き起こす基底的なメカニズムが一定不変であることを前提としなければなりません。しかしながら、社会変動のトータルな一般理論の樹立を目指す立場からするならば、そのような基底的メカニズムもまた、一種の社会秩序・社会構造に他ならないわけです。そうである以上この立場からは、社会変動を支配する基底的なメカニズムそれ自体もまた、変動しうるものとみなさないわけにいきません。ではその変動を理解するための理論を作るには、どうしたらよいでしょうか？　いうまでもありませんが、ここでは無限背進――ここで話は終わり、という最終結論を議論の構造上出すことができない――が生じてしまいます。

パーソンズ以後の二つの大きな潮流は、右記の事情をふまえて出現してきたものと見ることもできましょう（フーコー自身へのパーソンズの直接の影響はあまりないと思われますから、主にフーコーを継承しようとした社会学者たちについていえることです）。すなわち、一方には、無限背進を避けてあるところで――たとえば経済学風に、「合理的主体」の存在を前提として割り切るというふうに――議論をストップし、それを当面は疑いをさしはさまない「公理」として理論を組み立て、実証の道具としていくアプローチがあります。この立場からすれば社会学の「一般理論」「基礎理論」というものはありえず、時と場合に応じ、研究者の問題意識と知識の限界に応じて、さまざまな暫定的な理論があるのみです。そう、パーソンズと並び称される、アメリカ機能主義社会学の代表者であるロバート・K・マートンの言葉づかいを借りるなら、無限に多様な「中範囲の理論」だけがあることになります。

他方、フーコー派や社会的構築主義の立場においても、「一般理論」「基礎理論」は否定されます。

そもそもフーコー派や社会的構築主義のアプローチは、実は純粋理論というにはほど遠い、ある意味でひどく経験的・実証的な作業です。フーコーの作業は、ウェーバーの言葉を用いれば一種の「理解社会学」であり、今日の社会学風にいえば「**知識社会学**」です。すなわち、社会の実態そのものよりも、人々が自分たちの社会をどのように経験し、理解していたのかという「社会的に共有された意味」の水準に照準をあわせる作業です。

フーコーは科学の歴史を、ただ単に現在のより優れた学説に向けての進歩発展の歴史と見るわけではもちろんなく、かといってマルクス主義風に理論・学説を、それを生んだ社会的背景の「上部構造」「イデオロギー」と見るのでもありません。彼は過去の科学や文化の中に、過去の人々の、現在とは少しばかり異なった世界の認識の仕方、経験の仕方、別の生き方の「形式」を読み込んでいきます。過去の科学理論はここでは、今日の理論の発展のために再利用すべき素材ではなく、過去という別の世界について知るための経験的な資料なのです。そしてこのような研究の主題は、すでにある何らかの問題を解決することではなく、われわれの想像の範囲外にあった新たな問題を発見する、あるいはわれわれ自身の問題の立て方自体を変えてみることにこそあります。このような研究は、すでに示唆したように一面では哲学に、また他面では歴史学に近づきます。

最終講●社会学の可能性――格差・差別・ナショナリズム

社会学に独自性はあるか

さて、前回何がいいたかったのかと申しますと、何も「社会学が用無しになった」とか、「このままでは経済学者や心理学者に（そして伝統社会ではなく、都市化・近代化まっただ中の途上国社会、更には「先進国」をも対象とするようになった人類学者に）縄張りをとられてしまう」などといいたいわけではありません。その危険がないとは申しませんが、今すぐどうこうというわけではない。社会学者としては、異分野からの縄張り荒らしに対して「ここは俺のシマだ！」とかまえるのではなく、互いの不得手を補いあって、協力関係を取り結ぶのが上策でしょう。

たとえば経済学者たちは、統計データを処理することは得意で、官庁などの既存の統計を利用することに慣れていても、自分で統計データを作ったり、地道に歩いてインタビューし、アンケートをとる、といった調査には慣れていません（経済学者の中でも主に近代以前、統計データベース以前の時代を研究する歴史家は別ですが）。また心理学者は、質のいいデータをとるために、管理された環境（つまり実験室）の中で実験をすることを好むため、現実社会のデータ処理は相対的に不得手です。こう考えれば、少なくとも野外の実証研究・フィールドワークにおいては、社会学者の優位はまだ今のところはっきりしています。

しかしながらこの講義の最初の方で示唆しておいたとおり、そして何より前回確認したとおり、社会学においては、そのような実証を導くべき理論の独自性が非常に弱くなっているのです。

パーソンズ以後の二つの大きな流れのうち、限定的な「中範囲の理論」に徹する方向性は、どうしても経済学や政治学に似通ってきてしまいます。ことに昨今では経済学や政治学、あるいはまた心理学が、伝統的な研究対象への自己限定をやめて「何でもあり」になってきており、かつて社会学の特徴であった節操のない守備範囲の広さだけでは、その独自性を打ち出すには足りなくなっています。

フーコー的歴史研究や社会的構築主義風の「異化」ならば、まだしも社会学の独自性を強く匂わせることができますが（とはいえこの方向にも、歴史学や哲学に接近するきらいはありますが）、それは統一された「一般理論」へと導くものではありません（どのような理論に対しても、さらにそこから一歩引いて「異化」が可能ですし、またそうしてしまうのが社会学者の「性《さが》」ですし）。また仮にそこから新たな理論が生み出されたとしても、その理論は「見慣れたものを新たな角度から異化して、新たな謎を発見すること」にその主たる意義があるのであって、「何かを説明し、可能であれば予測すること」には向いていないのです。

理論の不在は危機ではない

「基礎理論」「一般理論」がない、学問のアイデンティティを支えるべき理論が見つからないという状況は、「社会学の危機」なのでしょうか？　かつてパーソンズが目指したように、そしてひょっとしたら今でも何人かの理論家たちが目指しているとおり、社会学の背骨になるような何らかの新理論を構築するべきなのでしょうか？

　ぼくは必ずしもそうは思ってはいません。第11講に述べたように、社会学はもともと「危機の学問」であるのだから、このようなアイデンティティの危機自体は、やや格好をつけて「社会学という分野が独立して成り立つための必要条件である」とさえいえるでしょう。ぼくにいわせれば問題はむしろ、社会学がそういう宙ぶらりんに耐えられずに、自分自身の危機を外側に、より具体的にいえば研究対象である社会の方に転嫁してしまう、という危険性です。危機にあるのは自分たちなのに、そのことに耐えかねて、現実の社会の方が危機だと錯覚してしまう、という危険性です。

　何のことをいっているのか、お分かりにならないかもしれません。ここでぼくが念頭に置いているのは、一つにはマルクス主義の運命です。マルクス主義は理論社会学に先立ち、歴史の理論、「変化」の理論たらんとしました。過去の社会変動を説明するのみならず、現在から未来にかけての「変化」、具体的には資本主義の行き詰まり＝危機と、そこから要請される革命＝社会主義への移行の必然性を論証しようとしました。そのためマルクス主義は、ことに一九世紀末のモダニズムの時代、マルクス主義的にいえば帝国主義から国家独占資本主義の時代以降、絶えず「資本主義は崩壊の危機に瀕《ひん》している」と一〇〇年近くにわたって説き続けてきたのです。しかし一〇〇年も続いてしまえば、それはもはや「危機」――つまりは重大な変化の局面、もしくはある歴史的発展段階から次の段階までの過渡期――であるとはとうてい言い難い。むしろそれ自体が一つの安定した

「段階」を形成しているといった方がまだましです。しかしながらマルクス主義は、「万年危機論」と揶揄されながらもその先に進むことができず、挙句の果てに崩壊したのは資本主義ではなく、マルクス主義の指導のもとで作られたソ連型の計画経済＝中央集権型社会主義の方でした。

そして同様の問題が、今日の社会学にも存在しているのではないか、とぼくは思っています。「再帰的近代化」あるいは「**ポストモダン**」といった言葉づかいには、マルクス主義の残響――資本主義ならぬ「近代の危機」を語ろうという欲望――がこだましています。

危機への強迫観念

たしかに社会学の成立、ならびにモダニズムというものを「近代（へ）の反省」と見るならば、その反省を促したのは「近代社会・近代精神は何らかの行き詰まりや、危機に直面しているのではないか?」という意識だったということになるでしょう。そしてそのような危機意識の背後に、現実の危機がなかったかといえば、否定はしきれない。一九世紀末から二〇世紀はじめの時代はヨーロッパ先進諸国にとっては爛熟した「ベル・エポック」ではあっても、グローバルに見れば植民地再分割をめぐる緊張が増大した帝国主義の時代であり、後から振り返れば未曾有の世界大戦への準備期間だったといえます。更には、普通選挙制や義務教育による高い識字率に支えられた大衆民主主義が確立したのもこの時代である。このように考えるならば、たしかに社会学を生み出したのは「危機の時代」であり、それゆえ社会学という学問に「時代の危機」への敏感さ、あるいは強迫観念が刻み込まれていてもむべなるかな、です。

しかし振り返って、われわれの生きるこの二一世紀初頭という時代は、そもそも「危機」、他の時代に比べてとりわけ重大な歴史的転換期にあるといえるのでしょうか？　そう語ってしまいたくなるのは、ただ単に自分たちの生きる時代を特権化したいナルシシズムのせいではないのでしょうか？

たとえばわれわれは二〇〇九年現在、かつての一九三〇年代の世界不況以来の――ひょっとしたらそれ以上にたちが悪いかもしれない――世界的な大不況に翻弄《ほんろう》されています。たしかに今日までの経済学的な知見を総合すると、この大不況は大変な問題で、適切な対応がなければ多くの人々を不幸にし、戦争の引き金さえ引いてしまいかねない大惨事ではあるのですが、ある意味ではまったく「危機」ではない。つまり、一〇〇年に一度や二度は起きても不思議のない、十分にありうる現象なのです。にもかかわらず一部では――その中には社会学者も混じっているのですが――「資本主義の危機」「時代の転換期」といって騒ぎ立てている人たちがいます。はっきり申し上げますが、そういう人たちはただ単に不勉強なだけ、経済学を知らず、歴史に学ばないだけの無知な輩です。ただ、彼らをしてそう語らしめているのは、単なる無知や知識の欠如だけではない。「危機」に対する欲望がそうさせてもいるのです。しかし（彼らにとっては残念ながら）今次の経済危機は、社会学者が欲するような意味での「危機」や歴史的大転換、革命につながるようなものではない。むしろ自然災害のように、適切な対応とともに日常への復帰が目指されるべき、その程度の「危機」です。

少し話が横にそれました。しめくくりに申し上げます。社会学の理論的なアイデンティティは何だかはっきりしない、実証を導くべき理論について、社会学者たちの間での広い合意が存在しない、とこの講義のはじめの方にぼくはいいました。その上で歴史を振り返って、社会学の理論家たちが目指していたもの、「こんな理論があったらいいな」という希望・願望について見てきました。それによると社会学とは、「社会的な意味・形式と、その変容可能性についての学問」であり、社会学の理論もそうした「形式とその変化についての理論」でなければならない、ということになります。

しかしながら前回たどり着いた結論は「そのような理論はどうやら不可能である」ということです。つまり社会学の理論家たちが、「こんな理論があったらいいな」という希望・願望は共有できて、その限りでは互いに話が通じても、いざそれぞれに理論を作り始めるとめいめい勝手な方向に行ってしまうことには、それなりの理由があったのです。

ニヒリズム的な立場

では、社会学のアイデンティティ——経済学や政治学、心理学などの隣接分野から己を際立たせ、かつ社会学者たちの間での連帯を確保する際の根拠——をどこに求めればよいのでしょうか?

一つには「実際のところ、学問の自立にとって、統一的な「基礎理論」などは必要ない」という考え方も可能でしょう。おそらくはフーコー派や社会的構築主義者、そして「再帰的近代化」なるコンセプトを用いる人々ならば、逆に開き直って、むしろこうして絶えず異化を繰り返し続けること、「社会学とは何だ?」と答えの出ない問いを延々と繰り返すことによってこそ、社会学の学問的アイデンティティは保たれるのではないか、とするような気がします。

これまで社会学のアイデンティティは、統一的な「一般理論」の支えがなくとも、現に保たれてきた。現実に役に立つ「一般理論」がなくとも、「そうした一般理論があればいいな」という漠然とした希望が共有されるだけでも、何とはなしの学問的連帯感がそこには存在していた。さて、今や「そのような一般理論はどうやら不可能である」ということが明らかになったとして、何か本質的な変化が起きたといえるのか？　人間はそういう不可能な目標への希望を抱くことができるのだから、相変わらず「一般理論への希望」は社会学のアイデンティティの基礎であり続けることができるのではないか？

こういう考え方、「不可能な目標への希望」をもつことを、ニーチェならば「ニヒリズム」と呼んだでしょう。しかし他面、二〇世紀半ばに夭折《ようせつ》したフランスの哲学者シモーヌ・ヴェイユは「存在しない神に祈る」という警句を残してもいます。ニーチェならば「そういう祈り、希望はそもそも虚妄《きょもう》であり、祈っている振り、希望している振りでしかない」というでしょう。それはそれとしてもっともですが、その一方でわれわれは、「人は神が存在しないと知っていても（「思う」のではありません。「知っている」のです）、時には祈らざるをえない」といわれれば、それもまたもっともだと思うのではないでしょうか。

ぼく自身は、この立場はスリリングでおもしろいとは思いつつも、やはりあまり健全ではないな、と感じます。すでに述べたようにそれは、自分の内部の危機を現実世界に投影する、という大変に困った病気にかかりやすいスタンスです。

これに対して、もう少し前向きに「社会学のアイデンティティ」を考える道が、ないわけではない、とぼくは考えます。

生物学からのヒント——ダン・スペルベルの「疫学」

私見では、もっとも強力かつ包括的な社会学の「基礎理論」、すなわち「社会的な意味・形式とその変容可能性」についての「一般理論」の構想は、社会学者からではなく、生物学者から提起されています。この講義の前半で見てきたように、ダーウィン進化論のロジック自体は、DNAをもつ生き物たちの世界において、「遺伝」という形での情報伝達を通じて起こる進化にしかあてはまらないのではなく、似たようなメカニズムに従う他のシステム全般にも同様にあてはまるはずだ、と述べてきました。また、今日では多くの経済学者たちが、自分たちの「合理的経済人」モデルをこの考え方で根拠づけていることも紹介しました。そして更に少しだけ、生物進化のアナロジーを社会現象全般に適用できないか、といったお話もいたしました。DNAが遺伝子として情報を運ぶように、人間の世界では言語を中心としたコミュニケーション・メディアによって、「意味」として情報が運ばれる。その振る舞いやメカニズムは、生物進化のそれと共通しているかもしれない、と。

このアイディアをもっともはっきりと打ち出したのが、ダーウィニズムを生物進化にとどまらない、いわば「システム進化の一般理論」へと解放した立役者である、生物学者のリチャード・ドーキンスです。その上彼は、遺伝子geneに対応する言葉として「ミームmeme」なる新造語まで作り出しました（この言葉は現在普通に辞書に載っていますし、大まじめな学会として「国際ミーム学会」なるものまであります）。

しかしながらぼく自身は個人的には、第3講の終わりでも述べたように、こういう発想に対して最終的には懐疑的です。引用しますと、

「人間は「言語」というメカニズムをコミュニケーションの中心的な手段として用いているわけですが、「遺伝」のメカニズムと「言語」のメカニズムは、もちろん似たところもあるのですが、具体的には相当に異質です。少なくともわれわれは、「遺伝」のメカニズムにとってのDNAに対応するような、はっきりと分かりやすい具体的な対象を、「言語」のメカニズムにおいては見出していません――そもそもそんなものが存在するかどうか自体、分かりません」。

ぼくのこの考え方はフランスの人類学者にして認知科学者である、ダン・スペルベルの影響を強く受けています。スペルベル自身は「ミーム学」に代えて「表象の疫学」というアプローチを提唱しています。「表象」というのは哲学的な言い回しですが、意味を担う記号全般のことだと考えてください。文字や絵・記号から、心の中のイメージまでを含みます。スペルベルは文化科学・社会科学を、この意味での「表象の科学」だと考えるわけですが、彼はそこには「一般理論」なるものはありえないし望ましくもない、と考えるのです。そこで彼は「疫学」という比喩を用います。

「疫学」とは何かといいますと、具体的には人間やその他の動物の健康状態、病気やその他健康上の問題の分布や、その原因について調べる学問であり、医学や保健学・公衆衛生学の一部門だということになるでしょうが、ここでスペルベルがいいたいのは、「疫学には一般理論はありえない」

ということです。なぜなら健康上の問題にはいろいろな種類がある。仮にいわゆる「病気」に限って、疫学の目標を「病気」の「原因」の探究にしぼったところで、病気の原因は種々さまざまで、いわゆる「病原性生物」にしても寄生虫もいれば細菌もいる、ウィルスもいてそれぞれに生態・行動パターンが違う。もちろん「遺伝病」というものもある。その他にもBSE（牛海綿状脳症）で有名になった「プリオン」なんていうものもあるし、公害病のことを考えれば、人間の産業活動が作り出した化学物質も無視できない。その他にも「ストレス」もまた病気の原因に数え入れるなら、ストレスの原因となるいろいろな問題——その中にはもちろん「社会現象」もある——も考慮に入れざるをえない。となれば疫学は、実証研究の方法としてはもちろん、社会学と似たような統計的な調査も行うし、更にそれを理論的に解釈するためには、人口学・経済学・進化生物学の数学的モデルも使い、病原体が細菌なら細菌学、ウィルスならウィルス学、化学物質なら化学も動員せざるをえません。

社会問題の折衷科学

スペルベルの示唆をまじめに受け止めるならば、社会学もまた、単一の「基礎理論」をもたない折衷科学であるしかない、ということになります。つまり、経済学でも心理学でも生物学でもロボット工学でも、必要とあらば何でも使う学問です。とはいえそのように理論的アイデンティティがない疫学の学問的アイデンティティはもちろん、健康問題への取り組みという政策的実践志向によって保たれているのに対して、社会学の場合には、社会問題への取り組みという政策的実践志向が共有されているかといえば、もちろんそんなことはありません。つまり一方の極に社会問題の解決を志向する、臨床的政策科学としての社会学があるとすれば、他方には構築主義的に、人々の社会的経験の仕方に対して、ただひたすらに「ああでもない、こうでもない」と「異化」を繰り返す問題発見の学としての社会学がある、という亀裂は残り続けるでしょう。

とりわけ、社会的構築主義以降の現代においては、そもそも「社会問題」自体、一つではなく多種多様だし、それら多様な社会問題すべてに共通する「何か」があるというわけでもありません。それでもあえて社会学が、経済学や政治学などに比べればこだわってきた問題があるとすれば、格差と不平等、あるいは差別による社会的な連帯の解体です（改めてこうしてみれば、社会学は社会主義とはもはや別物ではありますが、その歴史的な子孫であるには違いないのです）。

ただし単なる経済的富の不平等の分析とその対策については、どうしても経済学の方に分がありますす。そう考えるならば「社会学ならでは」の社会問題研究の焦点は、量的な「不平等」より、質的な「差別」問題の方にかたよってしまわざるをえないでしょう。経済的な格差も、それが単なる量的・金銭的な格差を超えて、社会的な連帯からの排除を帰結してしまう――端的な例を挙げれば、それこそ経済的な貧しさゆえに教育を受けられず、読み書きができずに社会的なコミュニケーションから疎外されてしまう――といった側面において、社会学的な分析と政策提言の対象となるでしょう。ひょっとしたらこのへんが、非常に緩い意味合いにおいてですが、社会学のアイデンティティにとってのコアになる可能性はないわけでもない。

差別の社会理論に向けて

単なる（量的な）格差を超えた（質的な）差別の研究は、経済学においても進展してはいますが、今後とも社会学の重要テーマであり続けるでしょうから、この問題についてもう少し敷衍《ふえん》しておきます。

かつては「差別」とは身分制社会固有の現象であり、自由な市場経済と私有財産制度、更に普遍的な法システムが発達する近代社会においては、次第に消滅していく——という議論が、経済学のみならず社会学においても一般的になされていました。つまり現存する差別とは「封建遺制」、生ける化石のようなものだ、と。しかしながら今日では、そうした素朴な差別理解はほぼ過去のものとなりました。

第一に、経済学風に「合理的経済人」モデルで考えてみましょう。近代化とともに良質な情報が大量に流通すれば、未知の他人に対するいわれなき偏見も薄れてくる一方で、あまりにも大量な情報は、かえって人々を困惑させもします。そのような場合には、情報を集めてきちんと考え判断することの手間暇や苦痛を考えれば、あえて先入観や偏見にもとづいて歪んだ判断をすること、あるいは考えなしに反射的に決断してしまう方が十分にわりにあう、ということがありうるのです。

たとえば、「女性は結婚して早く仕事をやめることが（男性に比べて）多い」という、統計データとしてはそれなりに正しい知識は、目の前の具体的な一人の女性求職者が、果たして長く勤め続けてくれるか、それともさっさとやめてしまうかという判断に際しては、あまり役に立ちません。それでも企業の人事担当者は、あれこれ考えるのが面倒くさいから、雇用差別禁止のルールができる以前は、はじめから「女性は幹部候補にはしない」と決めてかかっていたのです。それによって有能な女性をスカウトしそこなう不利益よりも、有能な女性を探す手間を省くことによる利益をとっていたのです。

そして第二に、差別――社会問題としての「差別」ではなく、経済学や経営学、あるいは製品開発やマーケティングの実務で使われる意味での「差別」――は日々新しく生まれてくるものでもある、という側面を忘れてはいけません。市場において厳しく競争しあっている企業は、ただ単に同じ商品をより安く作ろうとしているだけではない。すでにある市場で勝とうというだけではなく、皆の度肝を抜く新製品を開発して新しく別の市場そのものを作り出し、そこでの利益を（少なくともしばらくの間は）独占しようともくろんでいるものです。そのような競争を消費者の側から見れば、新しいモードを求め、流行に遅れまいとするファッション競争ということになります。もちろんここでは企業の側がつねにリーダーであるとは限らず、普通の人たちが勝手に始めた新しいスタイルを企業が後追いすることもあります。

こうした「差別化」は自由な市場経済において、そしてそのもとでの消費生活においては日常的に起きていることで、それ自体は別に悪いことではありません。ただその差別化競争の過程においては、どうしても実態を離れたイメージ、「評判」「ブランド」の一人歩き、という現象が生じます。企業は個性的な製品・サービスの開発に努めると同時に、その個性を広く知らしめねばなりません。そしてその個性のアピールは、多少おおげさなくらいがちょうどよい。つまり企業はお客たちの間に、「よい製品を作っているからあの会社を信用する」という普通の判断を超えて、「あの会社の製品だから信用できる」という先入観——つまり「ブランド・イメージ」——を確立することを目指しています。ただしこうした「ブランド」現象は、すでに評判を確立した既存の製品や企業の陰に隠れて、新しい企業や製品が市場に入り込んでくることを——たとえ実態的により優れた製品・サービスを有していても——困難にする可能性がある、という弊害をともなっています。

ナショナリズムの発生根拠

いわゆる「ファッション」「流行」の世界では見えやすいこのような運動は、実は人間社会のいたるところで起きています。言葉やその他のメディアを通じたコミュニケーションは、一面では同じ情報を共有して、互いの連帯を強めるプロセスでもありますが、他面では個人やグループが、他人とは違った個性を発揮して、それを表現し、己を際立たせるプロセスでもある。だから近代化が進行していけば、自由な市場経済にすべての人々が巻き込まれ、活字メディアや放送、更にインターネットを通じて、同じ一つの文化を共有するようになるというヴィジョンは、ことの半面しか捉えていません。同質化が進行する一方で、差異化・差別化も日々繰り返し起こります。

差異化と同質化が同時に進行するということは、差異化・差別化の運動が、つねに一人ひとりの個性を際立たせ、各個人を皆違った存在へと作り上げていくわけではない、ということを意味します。人々は多くの場合、ただひたすらに個性を磨くよりは、趣味嗜好を同じくする他人と群れ集まって仲間を作り、個人レベルにおいてよりはこうした集団レベルで、他者——他の個人よりも他の集団——との違いを際立たせることに喜びを見出すかもしれません。つまり、差異化・差別化の運動は、個々人が（良くも悪くも）バラバラの社会ではなく、小さなサブ社会群、ローカルな共同体群の更なる集合体としての社会を作り上げていくだろう、ということです。ファッションや趣味、サブカルチャーのダイナミズムを見れば、こうしたメカニズムは一目瞭然でしょうが、そもそも言語の歴史自体、こうした差異化と凝集の繰り返しなのです。つまりは仲間内のスラングがやがては方言になり、そうした方言がビジネスや政治と結びつけば、一つの独立した「言語」にまでなってしまう——といったプロセスが、繰り返されてきたのです。

こういったプロセスそれ自体は、良くも悪くもありません。おそらくはわれわれにとって逃れ難い「人間の条件」です。ただしこうした差異化と差別化（と裏腹の凝集と同質化）は、どうしても経済的な格差や不平等、更には政治的な権力支配関係と絡まりあわざるをえないということです。つまりはこれが、現代の世界において最重要問題の一つである「ナショナリズム」の発生根拠（の少なくとも一部）なのです。

一九世紀におけるナショナリズムの大波は「自前の国家を有していなかった民族が、自前の国家を取得すること（民族自決）によって、国際社会に対等な立場で参加する」というストーリーとして理解すれば、何とか「近代化によって世界は一つとなる」という「素直な近代」の枠組みに取り込むことができました。しかしながら二〇世紀末の社会主義の崩壊後、自由な市場経済と議会制民主主義のもと、良くも悪くも同質化するかと見えた世界において、ナショナリズムが高揚し、民族紛争が激発したことで、もはやそうした安易な理解は許されなくなりました。

問題は途上国におけるあからさまな武力紛争だけではありません。先進諸国においても、たとえば高度に経済統合・政治統合を進めているEUにおいて、逆説的にも民族・地域——支配的な国民国家を獲得できなかった少数民族、およびその居住地域——レベルでの自治要求が高まる一方、そうした運動を警戒し、またヨーロッパ外からの移民・出稼労働者の排除を要求する排外主義が、草の根レベルで目立つようになっています。かつてのテロをともなった過激な運動はむしろ沈静化の方向にありますが、穏健で合法的な範囲でならば、むしろ高揚しているのかもしれない。もちろんこうした事情は、日本を含めた東アジア地域にもあてはまります。インターネットの大衆化にともない、日本でも、そして伝え聞くところでは中国でも韓国でも、かつては表に出てこなかった排外主義的な言説が大手を振ってまかり通るようになりました。もちろんその一方で、ヒト、モノ、カネの行き来はますます増えるばかりです。

どこかで聞いたような話だと思いませんか? そう、この「ナショナリズム」の問題は、他分野との差異化・差別化に悩みつつ、他方では独立した学問分野としての凝集力の低下に悩む「社会学」のアイデンティティの問題と、似たような構造をしているのです。この意味でも、差別やナショナリズム——つまりは「集団的アイデンティティ」というテーマ——は、社会学の中心課題であるには違いない、といえます。

「社会的に共有される意味・形式についての学問」というふうに社会学をくくってしまうと、この「集団的アイデンティティ」の片面である「同質性」の方に焦点が当たってしまいがちなのですが、社会学を「社会的に共有される意味・形式の変容可能性についての学問」として見るならば、その「変容可能性」とは具体的には、歴史的な変化や集団ごとの異質性だけを指すのではなく、分化・差異化・差別化をも含めて考えなければならないわけです。そのことのもつリアルな意味合いがもっともよく見えてくるのが、人種や民族、宗教にかかわる差別、そしてナショナリズムにかかわる諸問題であるといえましょう。

そして社会学という後発科学は、自身もまたこのような意味での「集団的アイデンティティ」に関する悩みを強く抱えているという点においても、他の諸科学に比べたとき、差別やナショナリズムという対象に取り組むに際して、それなりの優位をもっているのかもしれません。

ナショナリズム研究における社会学の優位？

人種・民族差別、宗教的差別、障害者差別、その他の社会的な少数派差別、更には女性差別といったいわゆる差別問題は、学問的にはたしかに伝統的に社会学が得意とする領分でした。しかしながらナショナリズムの方は、実は必ずしもそうではありません。

二〇世紀の半ばから後半あたりには、ナショナリズムとか民族問題というものは、世界的に見てそれほど重要な政治問題ではない、どちらかというと過去のものだ、という意識がとくに先進諸国では強く支配していました。まず、国内レベルでは資本家と労働者の階級対立をはじめとして、業界団体や農民たちなどの社会的諸集団の経済的利害をめぐる争いが政治の主要テーマとみなされていました。そして国際政治のレベルでも、アメリカ合衆国、ソ連、中国といった一部の超大国を盟主として、主に政治的イデオロギー――つまりは議会政治と市場経済を軸とする「西側」の自由主義と、一党独裁の人民民主主義と計画経済を軸とする「東側」の社会主義――の違いによる対立が軸であり、民族問題などは副次的なものにすぎない、という発想が長らく支配的でした。

更にいえば、民族差別を含めた差別問題一般について、それは近代以前の伝統的な現象であり、近代化の進行——民主主義や市場経済の発展——とともに消滅していく傾向にある、という判断が、広く行きわたっていたのです。そうした状況の中で一部の社会学者たちが、ことに女性差別や少数派差別に着目し、近代化がただちに差別の解消を意味するわけではない、と異議申し立てをしてきたことは社会学の誇りとしてもよいでしょう。しかしナショナリズムを甘く見ていたことについては、社会学者の多くも同罪です。

世界史をひも解くならば、皆さんも高校で学んだとおり、フランス大革命に引き続く形で頻発した、一九世紀西欧の市民革命の高揚は、同時にナショナリズムの高揚でもあったことは明らかです。民主主義と平等の理想の追求は、草の根の庶民レベルでは基本的に民族単位で、「同じ民族に属する仲間同士」の連帯感に支えられていたのです。そう考えればナショナリズムは、単なる近代以前の過去の遺物であるはずがない。

にもかかわらずこの問題への気づきは意外なほど遅れ、そうした遅れにおいては社会学もまた例外ではありませんでした。一九世紀のナショナリズムは、せいぜい自由主義や民主主義の補完物として解釈されたのです。そして二〇世紀における社会主義国家の誕生、更にはファシズム政権の成立以降は、ナショナリズムよりも自由主義、社会主義といった政治イデオロギー間の対立こそが歴史の動因として重視されました。一九八〇年代初頭の時点では、社会主義の崩壊・冷戦の終焉以降の民族紛争の激発など、ほとんど誰にも予想されてはいなかったのです。もちろんこのように、二

○世紀末からの歴史の動向を見誤っていたことに対しての責めは、社会学だけではなく人文社会科学全般が負うべきものですし、またそもそも「社会変動の一般理論」が不可能である以上、予測ができなかったこと自体はまったく当然のことだったのかもしれませんが。

ですから先に指摘した、「ナショナリズム研究における社会学の優位」とはあくまでも潜在的な、将来の可能性についての話であって、実績についていえばそう自慢できたものでもないのです。

社会学の未来

駄目押ししておきましょう。ここでぼくがナショナリズムの問題性を強調したからといって、何も「それこそ社会学者が率先して取り組むべき、現代社会の最重要テーマである」といいたいわけではありません。すでに見たように、社会学を含む人文社会諸科学が、かつてナショナリズムを「昔話」扱いしてしまったということ自体、「イデオロギー対立／経済的階級対立が現代社会の最重要テーマである」との思い込みの副作用でした。ですからナショナリズムへの注目が、イデオロギーや経済的対立への軽視につながってしまっては、同じ過ちの繰り返しです。

今や「これこそが現代という時代の秘密を解く鍵だ！」といえる「時代の中心的な課題」などはないのです。差別、ナショナリズム、経済的混乱、そして地球環境問題等々、それぞれに性質が異なる、さまざまな困難がわれわれの前にあります。それらは互いに絡みあい、影響を及ぼしあっていますが、それらのうちどれか一つが、もっとも根底的な核心であって、他の問題すべてを支配している、などということはありません（かつてのマルクス主義は、階級対立をそういう「根底的な核心」

と考えたのですが)。その意味で現代は「多元化の時代」だといえます。いえ、昔から世界はもともと多元的にできていた——「歴史を動かす究極の原動力」などはじめからなかった——のでしょうが、そのことに誰もが否応なく気づかされてしまったのが、二〇世紀末以降の現代です。

そして「近代の自意識」たる社会学という学問の栄光と悲惨は、この、今や常識・時代の共通了解と化しつつある認識に、すでに二〇世紀はじめに到達してしまっていたことにこそあります。かつての社会学は時代に先駆けるという「栄光」とともに、先駆けゆえの周囲の無理解という「悲惨」に見舞われていました。それから一〇〇年、ようやく時代が社会学に追いついたのです。これは「今こそ社会学の時代だ」という「栄光」の証でもありますし、「社会学は時代に追いつかれ、追い越されつつある」という「悲惨」の証でもあります。

それでは「時代に追いつかれ、追い越されつつある」社会学の未来とは? しょせん人間には、現状の延長線上においてしか未来を予測できません。ですからぼくも「この最終講で述べた二つの方向——さまざまな「中範囲の理論」にもとづく折衷科学というベクトルと、フーコー的「異化」路線——で、今後しばらくの社会学は発展していくだろう」というしかありません。

しかしいうまでもなく、本当のところは誰にも分かりません。社会学はいずれ経済学や心理学に吸収合併されてしまうのかもしれないし、あるいは逆に、たくさんの新しい科学へと分裂していくかもしれない。取り組むべき現実の社会問題にせよ、何が起こるか、何が見出されるか、そのときになってみなければ分からない。究極的には、未来はわれわれの予想の外にある——それこそが「社会変動の一般理論」の夢の挫折が、われわれに授けてくれた最大の教訓です。

付録　初学者のための読書案内

社会学をこれから勉強していくにあたって、何をどうすればよいのか、お悩みの方もおられると思います。ここではとりあえず、本書を書く際に参考にした文献、本書の次に読んでいくとよい書物を紹介していきましょう。

最近はインターネットのおかげで、本は手に入れやすくなりました。書店の店頭や出版社の在庫からなくなってしまった古書も、以前は何軒もの古本屋を、足を棒にして探し回らなければなりませんでしたが、今では居ながらにしてネットで検索し、発注することができます。古典的な文献なら、ネットにテキスト・データが丸ごと載っています。

しかしそのぶん、街の本屋は減り、大学あるいは公共の図書館か、県庁所在地クラスの都市の大書店に行かないと、まともな本を手にすることはできません。本との出会いには実物を手にとって眺めることも重要です。

最初に、本書全体の構想にとっての導きの糸といいますか、お手本になった本を紹介します。

岡田暁生『西洋音楽史』（中公新書、二〇〇五年）

西洋芸術音楽、つまりはいわゆるクラシック音楽の成立と衰退についての歴史書ですが、同時に「近代」

と「モダニズム」についての優れた見通しを与えてくれる本です。音楽に親しんでいる人はもちろん、そうでない人にも、近代という時代の意味について何事かを教示してくれるでしょう。

それから、クリティカル・シンキングの本を二冊、紹介しておきます。

伊勢田哲治『哲学思考トレーニング』（ちくま新書、二〇〇五年）

飯田泰之『ダメな議論』（ちくま新書、二〇〇六年）

■はじめに〜第1講■

ついでスタンダードな社会学教科書を見ていきます。まずは本書同様の、一年生レベルの入門書として、

松田健『テキスト現代社会学』（第二版、ミネルヴァ書房、二〇〇八年）

野村一夫『社会学感覚』（増補版、文化書房博文社、一九九八年、http://www.socius.jp/）

左古輝人『畏怖する近代』（法政大学出版局、二〇〇六年）

ランドル・コリンズ『脱常識の社会学』（第二版、岩波現代文庫、二〇一三年）

あたりを挙げておきましょう。松田著、野村著は「各論」にも目配りしたスタンダードな教科書です。野村著は著者のインターネット・サイトにもアップロードされていて、無料で読めます。野村氏はこの本以外にもそれぞれレベル・重点の置きどころが微妙に異なるたくさんの教科書を書いておられますので、ぜひこのサイトを訪れてください。

左古著はタイトルが示すとおり、比較的この講義と気分・問題意識が近い教科書です。コリンズ著もまた、著者の関心に引きつけてテーマをぐっと絞り込んだ個性的な教科書です。邦訳は原著の第一版をもとにしていますが、原著はすでに第二版が出ており「人工知能・ロボットの社会学」なるきわめて興味深い章が追加

されていますので、興味のある方は英語の勉強を兼ねて読まれるとよいでしょう。

本書では主題からはずした実証研究・調査関連の入門書も紹介しておきましょう。

パオロ・マッツァリーノ『反社会学講座』（ちくま文庫、二〇〇七年、http://mazzan.at.infoseek.co.jp/）
谷岡一郎『「社会調査」のウソ』（文春新書、二〇〇〇年）
高根正昭『創造の方法学』（講談社現代新書、一九七九年）
飯田泰之『考える技術としての統計学』（NHKブックス、二〇〇七年）
津田敏秀『市民のための疫学入門』（緑風出版、二〇〇三年）
山田治徳『政策評価の技法』（日本評論社、二〇〇〇年）
佐藤郁哉『ワードマップ　フィールドワーク』（増訂版、新曜社、二〇〇六年）
河西宏祐『インタビュー調査への招待』（世界思想社、二〇〇五年）
小池和男『聞きとりの作法』（東洋経済新報社、二〇〇〇年）

マッツァリーノ著は真面目な入門書というよりは戯作・社会学のパロディなのですが、社会批評としてよくできており、入門レベルの皆さんには十分に機能してくれるお得な一冊です。マスコミやダメな社会学者の放言にだまされず、自分の目でデータを見て考えよう、という気にさせてくれます（残念ながら二冊目以降はネタ切れの観がありありで失速しますが）。

谷岡著は、正しい統計の取り方、そして正しい統計データの読み方がいかに大切かをユーモアたっぷりに教えてくれます。調査方法論とギャンブル（この二つのテーマの共通点は、どちらも「確率」がポイントだということです）の社会学が専門の著者は、他にもおもしろい啓蒙書をたくさん書いていますので、探してみてください。

高根著はもう三〇年程前に書かれたもので、パソコン普及以前の本ですからコンピューターまわりの記述はもはや歴史的価値が主となっていますが、それ以外のところは十分に今日でも通用します。統計調査を中心に、質的調査や歴史研究まで射程に入れた社会科学研究方法論の入門書として、日本語ではいまだに右に出るものはありません。

飯田著は経済学者による統計入門で、津田著は疫学の入門書です。素人が統計の意義を学ぶためには、社会学よりも、むしろ「何のために、何を調べるのか」という目標がはっきりしている疫学を通じての方が分かりやすいと思いますし、また用いる統計手法も相当に共通しています。山田著を推すのも同じ理由です。本書は「政策評価」をテーマとしていますが、政策評価のための社会調査（政策の効果を測定するための調査）のやり方について、分かりやすく説明しています。社会調査と実験の違いについても触れられており、勉強になります。

最後の三冊は統計調査ではなく、フィールドでの実態調査や、生身の人間相手のインタビュー調査についての入門書です。佐藤著は定評ある入門書で、著者はこの他にもたくさんのフィールドワークの教科書を書いていています。河西著は対面インタビューに絞った教科書で、大学での実際の授業にもとづいています。小池著はきちんとした教科書というよりは緩い読み物風です。どうやって調査対象に約束をとりつけるかとか、生身の人間である調査対象に対して、聞くべきことはきちんと聞きつつ、なおかつ失礼がないようにするにはどうしたらよいか等々、「社会人の常識」もいろいろ書いてあって役に立ちます。

それから「理論の必要性」の問題について、ちょっと変わった本を紹介しておきましょう。

筒井康隆『文学部唯野教授』（岩波現代文庫、二〇〇〇年）

高名な小説家が書いた、大学と文壇を舞台にしたスラップスティック・コメディ小説ですが、半分くらいが主人公唯野教授による文芸批評理論の講義実況という体裁をとっています。文学理論とモダニズムについての情報も満載で、その意味でも参考になるのですが、ここで紹介したいのは「印象批評」の回での「印象批評なんて、神様並みの常識がないとできやしない」という発言です。「印象批評」とは特定の批評方法、理論的立場ではなく、理論なしの主観的な印象、感想にもとづく批評、という意味です。唯野教授によれば「それは不可能ではないが、よほどの知識と洞察力なしにはろくなことにならない」というわけです。同様のことは文芸批評についてだけでなく、人文社会科学全般についていえます。「理論なしの研究なんて、神様並みの（以下略）」というわけです。

続いてもう少し重量級のテキストとして以下の二冊を紹介します。

アンソニー・ギデンズ『社会学』（第五版、而立書房、二〇〇九年）

長谷川公一、藤村正之、浜日出夫、町村敬志『社会学』（有斐閣、二〇〇七年）

ギデンズ著は何度も改訂されている有名なロングセラー教科書です。枕のように分厚く、半年や一年の授業ではとうてい終わり切らないことははっきりしています。「原論」だけではなく、「家族」「労働」「都市化」「メディア」「環境問題」等々、「各論」をひととおり網羅的に解説しており、各国で広く読まれています。一冊買えば大学四年間はお世話になること必定の教科書です。英語圏の大学・大学院教科書はこのような、やたらとぶ厚く、独習にも使えるように何でも書いてあって自己完結的なものが多く、実際の授業ではそこからトピックを取捨選択するようになっています。

社会学者としてのギデンズのテーマは「モダニティ（近代）」であり、「社会学とはモダニティについての学問である」という彼の構想は、この講義全体にも大きな影響を与えています。

長谷川らの共著はギデンズほど大部ではないですが、同様のコンセプトにもとづいて日本の学生のために書かれた教科書です。

講義でお話ししたような社会学の状況――「基礎理論」「一般理論」の不在――をふまえるなら、学説の歴史を知っておくことが社会学の「常識」を身につける上で重要になるわけです。以上の教科書類にも学説史の解説はありますが、それに加えて以下の著作を紹介しておきます。

ランドル・コリンズ『ランドル・コリンズが語る社会学の歴史』（有斐閣、一九九七年）

レイモン・アロン『社会学的思考の流れ（Ⅰ・Ⅱ）』（法政大学出版局、一九七四年・一九八四年）

玉野和志編『ブリッジブック社会学』（信山社出版、二〇〇八年）

先ほども紹介したコリンズの学説史テキストは、スタンダードというより個性的で、メリハリが利いていて分かりやすいのが取り柄です。彼はアメリカ合衆国の学者ですが、好みは大陸ヨーロッパ的です。社会学にとってはマルクスより、同志にしてスポンサーとしてその陰に隠れていたエンゲルスの方が重要だ、という見解はユニークです（マルクスは人間としてかなりいびつでひどいやつだったのに対して、エンゲルスはまともないいやつだった――という話も蛇足ですがおもしろい。おそらく問題は、そういう真人間のエンゲルスが、いかに天才とはいえ人非人だったマルクスを終生支え続けたのか、というところにこそあるのですが）。

アロンは戦後フランスを代表する知識人の一人で、保守的自由主義者です。戦後フランス思想においてはどうしてもジャン＝ポール・サルトルとかフーコーといった進歩的左翼知識人の方が目立ってしまう中、存在感を発揮しています。モンテスキューから説き起こし、トクヴィルを入れているところが本書のポイントです。古い本ですが社会学を「思想」として読み解くときにはためになるでしょう。

玉野編著は最新の入門教科書ですが、学説史に重点が置かれています。「社会学者の数だけ社会学があるというのはウソだ」と言い切る胆力は見習いたいものです。本講義ではとりあげられなかったゲオルグ・ジンメルを、マルクス、ウェーバー、デュルケムと並ぶ社会学の始祖の一人としてクローズアップしているので、チェックしてみてください。その他アメリカ社会学における移民・都市問題・マスコミなどについての実態調査について紙幅を割いているところ、二〇世紀後半以降の新世代の理論家を詳しく紹介しているところもポイントです。

学説史テキストはブックガイドとしても使えますが、ブックガイドに特化した本もいくつかあります。

杉山光信編『現代社会学の名著』（中公新書、一九八九年）

竹内洋『社会学の名著30』（ちくま新書、二〇〇八年）

見田宗介、内田隆三、吉見俊哉、上野千鶴子、佐藤健二、大澤真幸編『社会学文献事典』（縮刷版、弘文堂、二〇一四年）

新書版の二冊は手元に置いておいても損はないでしょう。最後の事典は万単位のお値段ですので、図書館などで利用されるとよいと思います。

この他用語辞典のたぐいがほしい、という人もいるでしょう。一万円を超える大事典は図書館で読めばいいですから、手元に置いておける小辞典として、

作田啓一、井上俊編『命題コレクション社会学』（ちくま学芸文庫、二〇一一年）

N・アバークロンビー、S・ヒル、B・S・ターナー『新しい世紀の社会学中辞典』（新版、ミネルヴァ書房、二〇〇五年）

を紹介しておきます。作田編著はもう二〇年も前の古い本ですが、大学院受験生に重宝されてきました。アバークロンビーらの辞典はイギリスのもので、改訂を重ねたロングセラーです。更に、

宮台真司『14歳からの社会学』（世界文化社、二〇〇八年）

を紹介しておきます。著者のことはご存知の方も多いと思いますが、本書は社会学の入門書というより、社会学の知見をふまえて書かれた若い人たち向けの人生論の本です。学校について、恋愛とセックスについて、仕事について、家族と生死について、生きる意味について真摯な議論が展開されています。オカルトに走らずに、スピリチュアルな事柄をまじめに説得的に論じた本という点でも出色です。

因果分析に対する社会科学者、行動科学者の関心は近年急速に高まりつつあります。ここではとりあえず入門書として、

西内啓『統計学が最強の学問である』（ダイヤモンド社、二〇一三年）

久米郁男『原因を推論する』（有斐閣、二〇一三年）

を挙げておきます。

■第2講■

振り返ってみますと、この回の内容は盛りだくさんなので、紹介する文献の量も多くなります。まず、「モデル」とは何かについて考えてみるためには、とりあえず、

戸田山和久『科学哲学の冒険』（ＮＨＫブックス、二〇〇五年）

を紹介します。「科学哲学」とは現代哲学の重要な一部門であり、「科学研究はどのように進められるべきか」「科学的な認識方法とはどのようなものか」といった問題について考察するものです。主として自然科学を念頭に議論が進められていますので、社会科学においてはどの程度あてはまり、何があてはまらないのか、を考えながら読まれるとよいでしょう。

この回で具体的なモデル科学の例として挙げられているのはまずは経済学ですが、経済学におけるモデル思考の例を学ぶには、

梶井厚志、松井彰彦『ミクロ経済学　戦略的アプローチ』（日本評論社、二〇〇〇年）

がよいでしょう。この本は同時にゲーム理論の入門書にもなっており、「合理的経済人」モデルとはどのようなものなのか、通読してみれば何となく腑に落ちてきます。高校二年レベルの数学を思い出しながら読ん

でください。なお、経済学と社会学との対比については、
筒井淳也『制度と再帰性の社会学』（ハーベスト社、二〇〇六年）
がおおいに勉強になります。その他に、
稲葉振一郎『経済学という教養』（増補、ちくま文庫、二〇〇八年）
もご覧ください。

続いては生物学的進化論、そしてダーウィニズムです。そのあたりについては、
リチャード・ドーキンス『利己的な遺伝子』（増補新装版、紀伊國屋書店、二〇〇六年）
ダニエル・C・デネット『ダーウィンの危険な思想』（青土社、二〇〇〇年）
河田雅圭『はじめての進化論』（講談社現代新書、一九九〇年、http://meme.biology.tohoku.ac.jp/INTROEVOL/index.html）
をお勧めします。

河田著は現在は版元品切れになっており、著者の勤務先のサイトで無料で電子ファイルが公開されています。コンパクトにまとまった進化論の入門書として出色ですので、まずこれから読むのがいいでしょう。

講義中で紹介しましたドーキンスの本は現代の古典ですので、一度は目を通しておきましょう。デネットは現代アメリカの指導的な哲学者の一人で、心の哲学が専門であり、人工知能や意識についての研究で知られています。この本はいわば「ダーウィン＝ドーキンス革命」と呼ぶべきものについての、哲学者からの総括書です。

この回の文化・社会におけるロボット・モデルについての話は、ドーキンス、デネットを参考にしながら書きましたが、現代の人間モデルをコンピューターが提供していることについては、
J・デイヴィッド・ボルター『チューリング・マン』（みすず書房、一九九五年）

という本もあります。更に、

戸田山和久『知識の哲学』（産業図書、二〇〇二年）

という哲学（認識論）の教科書の終盤でなされている、「認識論の社会化」論（認識の主体は個人ではなく社会では？　という議論）も参考になるでしょう。

あとは、現実社会のシミュレーションとしてのゲームについて。図上演習と戦争ゲームについては、

ピーター・P・パーラ『無血戦争』（ホビージャパン、一九九三年）

という本がありますが、やや古い本で手に入りにくいと思います。

社会科学における研究手法としてのシミュレーションについても、いくつか本は出ています。シミュレーションにはテーブルトーク・ロールプレイング・ゲームのように、人々が机を囲んでおしゃべりしながらやるものもあれば、コンピューターの上でソフトウェアを走らせてやるものもあります。もちろん両者を組みあわせて、ネットゲーム（「ラグナロクオンライン」や「FF11」のようなマルチメディア・オンライン・ゲーム）みたいに行われるものもあります。都市計画・まちづくり関係の人たちは早くからこのタイプの手法になじんでいたようですが、近年では「実験経済学」も流行しています。とりあえず比較的新しいものとして、

兼田敏之『社会デザインのシミュレーション&ゲーミング』（共立出版、二〇〇五年）

を挙げておきます。それからパソコンの上で動く、社会科学用の簡便なシミュレーターのCD-ROMとその解説書がセットになった、

山影進『人工社会構築指南』（書籍工房早山、二〇〇七年）

も紹介しておきます。

この回もまた当然ながら、前回の参考文献をおおいに活用していますが、それだけではありません。この講義では表立ってはほぼ完全に無視してしまい、具体的な研究者の名前なども挙げてこなかった研究潮流として、「日常的な人間関係のレベルでの、ミクロ的な相互作用行動についての研究」があります。ジンメルを先駆けとするこの領域における巨人として、アーヴィング・ゴッフマンとハロルド・ガーフィンケルの名を挙げておきましょう。実はこの回でのお話は、彼らの仕事をふまえた研究潮流を意識し、それを参考になされています。

ゴッフマンの著作は主だったものが翻訳され、図書館や古本屋を使えば読むことは容易です。主著としては、

アーヴィング・ゴッフマン『儀礼としての相互行為』（新訳版、法政大学出版局、二〇〇二年）

また差別問題に焦点をあわせ広く読まれたのが、

アーヴィング・ゴッフマン『スティグマの社会学』（改訂版、せりか書房、二〇〇一年）

です。

ガーフィンケルは「エスノメソドロジー」と呼ばれる方法論を創始し、この領域には社会学、言語学、人類学、心理学などから人材が集結して、新しい「人間の社会的行為についての厳密科学」とでも呼ぶべきものを立ち上げつつあります。たとえば日常会話における意味のある発言のみならず、無意味な音声や言い間違い、笑いや息遣い、会話の「間」までをも正確に記録する新しい記述法を開発して「会話はどうやって成り立っているのか」「会話の積み上げからいかにして社会的相互行為が積み上がっていくのか」を具体的に研究していきます。それは社会学のサブジャンルとしては例外的に、経済学や心理学、あるいは多くの自然

科学と比肩しうるまでに、研究者たちの間で理論と研究方法が標準化された「通常科学」になりつつあります。しかしながらこれが発展して、いずれは現在の社会学全体の基礎となりうるかどうかは、未知数です。

日本語の入門書としては、

前田泰樹、水川喜文、岡田光弘編『ワードマップ　エスノメソドロジー』（新曜社、二〇〇七年）

が、現時点での先端的研究としては、

西阪仰『分散する身体』（勁草書房、二〇〇八年）

があります。

また、これらの仕事の背後には、カリスマ的な哲学者ルードヴィヒ・ヴィトゲンシュタインの影がチラチラすることを指摘しておきましょう。さすがに難物ですし、やけに格好いいので、今日の水準からすればダメなことをいっているところについても、素人はだまされて真に受けてしまう恐れがあります。興味のある人は現時点で最高の入門書である、

鬼界彰夫『ウィトゲンシュタインはこう考えた』（講談社現代新書、二〇〇三年）

あたりから入って、それから原著に進む（「日記」や未定稿を含め主なものはほぼ邦訳されています）のがよいでしょう。また、もろにヴィトゲンシュタインの影響を受けつつ、ミクロからマクロにいたる社会学の全体理論を構築しようという試みとして、

橋爪大三郎『言語派社会学の原理』（洋泉社、二〇〇〇年）

があります。「意味・形式」に着目する本講義にとっては、当然ながら直接の先達に当たります。

引き続き第2講で挙げた文献のお世話になっていますが、それに加えていくつか。

まず、二〇世紀中葉までの哲学の主役は「言語」でした。それがここ三〇年ほどで「心の哲学」中心へと急展開していき、また存在論＝形而上学も復興してくる、という具合です。そのへんの勘をつかむには、

イアン・ハッキング『言語はなぜ哲学の問題になるのか』（勁草書房、一九八九年）

大庭健『はじめての分析哲学』（産業図書、一九九〇年）

がよいでしょう。後者は科学哲学の入門書にもなります。

ここで皆さんに一言謝っておかねばならないのですが、この講義では社会（科）学における方法論的全体主義の、二〇世紀哲学におけるある意味でのカウンターパートである「言語・意味の全体論（全体主義）」について触れることができませんでした。方法論的社会主義・全体主義の社会理論に立つ瀬があるとすれば、「社会的に共有される意味・形式」に着目することによってである——と講義では論じてきたわけですが、ではその「社会的に共有される意味・形式」とはどのようなものか、についてはろくに論じてきませんでした。

二〇世紀、とくに後半の言語と心の哲学の中心テーマは、この「意味」のメカニズムです。そしてここでいう「意味の全体論」とは、簡単にいえば「言葉の意味というものは、一つひとつの単語や文と、それが指示し表現する個別の対象との対応関係によって決まるというよりは、単語や文の織り成す言語全体と、現実の世界全体との対応関係の中で決まる。それゆえ個別の単語や文の意味は、他の単語や文の意味との関係において、全体的な言語ネットワークの中でのその位置において見なければ本当は分からない」という考え方です。これと対立する立場は当然「意味の原子論」であり、個別の単語や文それ自体に自律して充実した意味があり「全体としての言語」とはその集積以上のものではない、という立場です。

「意味の全体論」と社会科学の関係については、やや難しいですが、

ドナルド・デイヴィドソン『合理性の諸問題』（春秋社、二〇〇七年）

をご紹介しておきます。本書を踏まえた社会学入門・中級編を構想中です。

このあたりの問題について考えたいときには、先に紹介した戸田山『知識の哲学』も参考になるでしょう。

現代哲学の存在論については、大学院レベルの教科書、

セオドア・サイダー『四次元主義の哲学』（春秋社、二〇〇七年）

が翻訳されていますが、初心者にはちょっと難しいでしょう。関係する著作で、人によってはもう少しとっつきやすいかもしれないのが、

柏端達也『自己欺瞞と自己犠牲』（勁草書房、二〇〇七年）

です。これは存在論の本であると同時に、心の哲学、行為論の本にもなっていますので、社会学とも無縁というわけではない。しかし徹頭徹尾、愛想のない本です。

機械におけるソフトウェアとハードウェアの分離の問題については、せめて工業高校レベルの機械工学をかじった上で、改めて「情報」について考えてみる、という手間を経ないとピンとこないでしょう。ぼく自身も手探りで、無論いろいろな参考文献をもとに考えてはいるのですが、「では何を一番参考にしているのか」といわれると逆に困ってしまいます。せめて「コンピューターとはどういう機械なのか?」についての参考書として以下の二冊を挙げます。

ダニエル・ヒリス『思考する機械コンピュータ』（草思社、二〇〇〇年）

デイヴィッド・ドイッチュ『世界の究極理論は存在するか』（朝日新聞社、一九九九年）

ヒリス著は世界的なコンピューター科学者による啓蒙書です。ドイッチュ著は「量子コンピューター」の基本原理を考案した物理学者による、現場の科学者の立場からの科学哲学書であり、物理学やコンピューター・サイエンスの先端的な啓蒙書であり、なおかつ非常に奇妙な存在論・形而上学の本でもあります。「計

算」という視角から物理、生命、そして社会まですべてを見通そうとするもので、いっていることを全部真に受けるべきではないですが、大変おもしろい本です。

あとはからめ手ですが、「生産、ものづくりとはものに情報を刻み込むことである」という「設計情報転写論」なる独自の考え方にのっとった経営学者による「ものづくり」論、**藤本隆宏『日本のもの造り哲学』**（日本経済新聞社、二〇〇四年）も悪くないと思います。

■第5講■

この講では、近代社会科学の古典を読みましょう。

トマス・ホッブズ『リヴァイアサン』（岩波文庫他）は四巻本ですが、素人はとりあえず一と二だけ読めばよろしい。いや、一だけでもある程度の見当はつけられます。

ジョン・ロック『統治二論』（岩波文庫他）は二部構成で、普通皆が読むのは第二部だけです。第二部だけなら光文社古典新訳文庫などで読めます。

ジョン・ロック『市民政府論』（光文社古典新訳文庫、二〇一一年）

ヒュームについては、とりあえず社会契約論批判については、**デイヴィッド・ヒューム『市民の国について（上・下）』**（改版、岩波文庫、一九八二年）に収録の短いエッセイ「原始契約について」などで事足りるのですが、「コンヴェンション」についての議論を知るためには大著、

デイヴィッド・ヒューム『人性論』（岩波文庫他）

の「第三篇　道徳について」を読まないといけません。

これらを読み解く際にガイドがほしければ、

稲葉振一郎『「資本」論』（ちくま新書、二〇〇五年）

をお使いください。

あとはゲーム理論です。先に紹介した梶井・松井著で不安なら、社会学者の手になる、

佐藤嘉倫『ワードマップ　ゲーム理論』（新曜社、二〇〇八年）

も最近出ました。ドーキンス著も嘗《な》めるように読みましょう。

■第6講■

前半、進化論やコンピューターがらみのところについては、すでに紹介済みのドーキンス、デネット、ヒリス、ドイッチュあたりを参考にしています。

後半ですがまたしても古典です。

ジャン＝ジャック・ルソー『人間不平等起源論』（岩波文庫他）

モンテスキュー『法の精神』（岩波文庫他）

アダム・スミス『国富論』（日本経済新聞出版社他）

『国富論』の翻訳はたくさんありますが、一番新しい日経のものは、あくまでも素人読者が読みやすいようにとの方針で訳されたものです。

ルソーとヒュームの喧嘩について興味のある方は、図書館で、

山崎正一、串田孫一『悪魔と裏切者』（河出書房新社、一九七八年）をお読みください。

モダニズム関連は次回にまわします。

■第7講■

「モダニズム」についての見当をつけるには何といっても、すでに紹介した岡田『西洋音楽史』がよいし、筒井康隆『文学部唯野教授』も参考になるのですが、一九世紀末から二〇世紀はじめという転換期の雰囲気をつかむためには、

シュテファン・ツヴァイク『昨日の世界（1・2）』（みすずライブラリー、一九九九年）をぜひ一度お読みください。ナチに征服されて故国オーストリアを離れ、亡命先のブラジルで自殺した詩人・作家で、ことに伝記作家として名を残すツヴァイクの、死の直前の回顧録です。

シュルレアリスムについてはもちろん、たくさんの文献があります。実際に美術史の教科書、画集、あるいは美術館で作品を眺めて、いろいろ考えてみるのもよいでしょう。美術史の教科書としては大部でお高いですが、カラー図版つきで古代から現代まで、西洋のみならず世界中を射程に収めていることを考えればお買い得の、

E・H・ゴンブリッチ『美術の物語』（ファイドン、二〇〇七年）をお勧めします。

マグリットの「これはパイプではない」をめぐる分析としては、

ミシェル・フーコー「これはパイプではない」『フーコー・コレクション（3）』（ちくま学芸文庫、二〇〇六年）

が有名です。

このあたり、モダニズム全般についてのぼく自身のより詳しい考えは、「ポストモダン」との関係をも射程に入れた上で、

稲葉振一郎『モダンのクールダウン』（NTT出版、二〇〇六年）

に述べておきましたが、少々難しいかもしれません。

■第8講■

小学生のころ、子供向けの数学史の本で「非ユークリッド幾何学」だの「公理主義」だの「ヒルベルト」について読んだことがいまだに記憶に残っています。その題名が分かれば皆さんに紹介するところですが、あいにくと分かりません。またその本には、ゲーデルの話は載っていませんでした。

ヒルベルトやゲーデルの著作の中でも、重要なものは日本語で読めます。

D・ヒルベルト『幾何学基礎論』（ちくま学芸文庫、二〇〇五年）

クルト・ゲーデル『不完全性定理』（岩波文庫、二〇〇六年）

また、

橋爪大三郎『はじめての構造主義』（講談社現代新書、一九八八年）

はヒルベルト的な公理主義と、後の構造主義との関係について解説してくれており、有益です。

しかしヒルベルトはともかく、ゲーデルの論文のありがたみは、われわれ素人にそうやすやすと分かるものではありません。とはいえ「ゲーデルの定理は人間の理性に限界があることを厳密に示した」といったたぐいの「現代思想」風のおおげさな物言いには眉に唾をつけてかかる必要があるでしょう。

その上で管見の限りで参考書を挙げますと、

高橋昌一郎『ゲーデルの哲学』（講談社現代新書、一九九九年）

高橋昌一郎『理性の限界』（講談社現代新書、二〇〇八年）

があえて「たとえ話」に徹することで、何とかゲーデルの仕事の意義を素人にも分からせようと努力して、いい線にいっていると思われます。この他には、

野矢茂樹『論理学』（東京大学出版会、一九九四年）

という教科書が、不完全性定理に触れています。不完全性定理については、その全面的な証明を与える、ということはしていませんが、その証明過程の中でも鍵となるステップを抜き出して詳しく解説し、読者にその雰囲気だけでも味わわせようと工夫しています。たとえていえば高橋著は、峻嶮《しゅんけん》な高峰の頂上近くまでヘリコプターで連れて行ってくれるようなものだとすれば、野矢著は見晴らしがよくかつ比較的安全な（それでもそれなりにしんどい）場所に連れて行ってくれて、実際に少しばかり登らせてみる、という感じです。

その他少々難しい（一般素人ではなく数学ファン向けの）入門的文献として、以下があります。

田中一之「数学基礎論入門」数学セミナー編集部編『数学完全ガイダンス』（日本評論社、一九九九年）

田中一之「ヒルベルトのプログラム」『数学セミナー』（ダイヤモンド社、二〇〇〇年二月号、「仙台ロジック倶楽部ＯＬＤ」関係資料http://members.at.infoseek.co.jp/nbz/ref/hprogram.html）

フロイトに関してはやはり文献が汗牛《かんぎゅう》充棟《じゅうとう》ですし、フロイト自身の著作も重要なものは複数種の翻訳が出ています。そこであえてここでは、変化球を投げてみましょう。

橋本治『蓮と刀』（河出文庫、一九八六年）

これはかなり身も蓋もない本ですが、おちゃらけた見かけに反して、実は結構フロイトの核心部分を突く批判の書となっています。フロイトといえば「エディプス・コンプレックス」――子供の発達過程において

は、母親をめぐる父親との対立が重要な意味をもつ、という感じですね——の理論がよく知られていますが、それは先立つ「誘惑理論」——母親はそこには登場せず、基本的に子供と父親との対立構図です——を捨て、克服した結果到達されたものである、と普通されています。ところがここで橋本は「逆だ、フロイトは自分にとっての真の問題である「父親との対決」から逃げて、ありもしない「子供の母親に対する欲望、それゆえの父親との対立」というお話をでっち上げたのだ」と論じます。

橋本自身は心理学者でも医者でもありませんが、実はこの「「エディプス・コンプレックス」理論はでっち上げの妄想で、どちらかというと「誘惑理論」の方が正しいのではないか」という疑問は、二〇世紀末に、トラウマの研究と治療にかかわる医学者・心理学者の間からも立ち上がってくるのです。これについては、以下の文献が有名です。

ジュディス・L・ハーマン『心的外傷と回復』（増補版、みすず書房、一九九九年）

この本を読めば、現代の、生物学的精神医学をふまえた臨床家たちの間にも、フロイトは継承されている（ただし重要な批判と修正をともなって）ことがお分かりになるでしょう。ただしハーマンらの現代的トラウマ理論——少なからぬ人々、ことに女性は幼少時に近親者から性的虐待を受けており、それが成長後もトラウマとして残る。「誘惑理論」のフロイトは半ばそれに気づいていたのだが、考えを変えて「エディプス・コンプレックス」というより無害な解釈（すべては幻想であり、現実の虐待はない）に逃避した——に対しても、もちろん批判はいろいろとあります。

■第9講■

デュルケムの主要な著作はおおむね邦訳されています。講義でとりあげたのは、

エミール・デュルケム『自殺論』（中公文庫、一九八五年）
エミール・デュルケム『社会分業論』（青木書店他）

ですね。この他にもいろいろとありますから、探してみてください。

フランス社会主義の歴史を含めた、デュルケム社会学の歴史的背景については、

田中拓道『貧困と共和国』（人文書院、二〇〇六年）

が勉強になります。

構造主義については、すでに紹介した橋爪『はじめての構造主義』の他、

内田樹『寝ながら学べる構造主義』（文春新書、二〇〇二年）

が分かりやすくてよい本です。

■第10講■

ウェーバーも主要著作の多くが邦訳されています。はっきりいえば、あまりにありすぎて錯綜《さくそう》しており、何を読んだらよいのか分かりません。とりあえず日本の社会科学に大きな影響を与えた、彼の比較宗教社会学の雰囲気をつかむには、

マックス・ウェーバー『プロテスタンティズムの倫理と資本主義の精神』（岩波文庫他）
マックス・ウェーバー『宗教社会学論選』（みすず書房、一九七二年）

を読んでみるのが正道でしょう。その背景にあったニーチェ的ニヒリズムについては、

フリードリヒ・ニーチェ『道徳の系譜』（岩波文庫他）

やその他のニーチェの著作を読んでみましょう。ニーチェ入門としては、

永井均『これがニーチェだ』（講談社現代新書、一九九八年）

永井均『道徳は復讐である』（河出文庫、二〇〇九年）

がお勧めです。

ウェーバーの比較宗教社会学についてのやさしい入門書としては、

大塚久雄『社会科学における人間』（岩波新書、一九七七年）

がよいでしょう。

大塚を頂点とする「日本社会科学におけるウェーバー体験」を批判的に捉えかえし、ウェーバーにおけるニーチェ的契機を強調する著作としては、

山之内靖『マックス・ヴェーバー入門』（岩波新書、一九九七年）

をはじめとする山之内靖の一連の業績があります。大塚の場合は、ウェーバーが見出した、近代化への梃子《てこ》としてのプロテスタンティズムへの積極的な評価と、日本におけるそうした契機の不在への憂慮が強くありますが、山之内は、ウェーバー自身は西洋文明の行方を決して楽観していなかった——ニヒリズムを感じ取っていたこと、それゆえ大塚の読むような近代礼賛者というより、近代批判者として読むことができるということを強調します。

いわゆる「大塚史学」の日本思想史における意義については、

小田中直樹『日本の個人主義』（ちくま新書、二〇〇六年）

が参考になるでしょう。

ただ、ここであえて身も蓋もない文献を紹介しますと、キリスト教学者（新約聖書学者）の田川建三が大塚久雄らのウェーバー研究を、マルクス主義的な立場から厳しく批判した作業があり、大変に興味深いものとなっています。田川にいわせれば、そもそもウェーバーのヨーロッパ中心主義は最初から一種のナルシシ

ズムで、それを過度に重んじる方がおかしい、となります。

田川建三「ウェーバーと現代」『歴史的類比の思想』（改装版、勁草書房、二〇〇六年）

攻撃的ナショナリスト、エリート主義者である嫌なウェーバーについての歴史研究としては、

今野元『マックス・ヴェーバー』（東京大学出版会、二〇〇七年）

という大部な伝記があります。社会科学者としてではなく、政治評論家・政治運動家としてのウェーバーに焦点を当てた異色作です。この他、最近ではウェーバーの奇妙な私生活を詮索する本もいろいろと出ており、故人には少々気の毒な状況です。

もちろん、キリスト教と近代化の関係、というウェーバーの問題提起自体は相変わらずとても重要です。このへんの問題はしかし、ヨーロッパ・キリスト教文明の外側にいるわれわれにとってはどうしても分かりにくいところが多々あります。その中でとりあえず、

田川建三『キリスト教思想への招待』（勁草書房、二〇〇四年）

を挙げておきましょう。歴史上いろいろとひどいことをしてきたけれども、よいこともたくさんしてきたキリスト教という文化遺産について、分かりやすく解説した本です。ここには修道院や慈善の意義についても、明快に述べられています。

日本の中世においても、禅寺などで、ヨーロッパの修道院と比較しうるような禁欲・勤勉の作法が開発されてきており、それが日本の近代化の基盤の一部となったのでは、という説もあります。

成沢光『現代日本の社会秩序』（岩波書店、一九九七年）

などを読まれるとよいでしょう。この他、社会学と日本社会科学のウェーバー受容の歴史をふまえた上で、その今日的意義を確認する作業としては、

佐藤俊樹『近代・組織・資本主義』（ミネルヴァ書房、一九九三年）

が必読です。

この回のもう一つのテーマは、マルクスとマルクス主義です。とりあえずマルクス主義の原点としては、**カール・マルクス、フリードリヒ・エンゲルス『共産党宣言』**（岩波文庫他）がよいでしょう。マルクスの著作もまた、生前発表されたものから、死後発見された未発表草稿まで、ほとんど邦訳されていますが、膨大ですからどこから手をつけたらいいか途方に暮れてしまうでしょう。そこでやはり入門書がほしいわけですが、管見の限りでもっともよい入門書は、**ピーター・シンガー『マルクス』**（雄松堂出版、一九八九年）です。つかず離れず、対象との絶妙な距離感が保たれています。ぼく自身のマルクスとマルクス主義についての見解は、先に紹介した『「資本」論』と、『経済学という教養』の第七章、更に、**稲葉振一郎『リベラリズムの存在証明』**（紀伊國屋書店、一九九九年）の「エピローグ」をご覧ください。

この他「デュルケム社会学の歴史的背景」についての文献を紹介しましたから、「ウェーバー社会学、マルクス主義の歴史的背景」もほしいところでしょう。というわけで、Soziologie以前のドイツ社会学Gesellschaftslehreについての文献として、

マンフレート・リーデル『市民社会の概念史』（以文社、一九九〇年）

村上淳一『ドイツ市民法史』（東京大学出版会、一九八五年）

を挙げておきます。

生物科学的アプローチによる人間観の転換については、すでに紹介したドーキンスやデネットの著作も参考になりますが、その他お勧めの著作として、

ドナルド・E・ブラウン『ヒューマン・ユニヴァーサルズ』（新曜社、二〇〇二年）

スティーブン・ピンカー『人間の本性を考える（上・中・下）』（NHKブックス、二〇〇四年）
酒井邦嘉『言語の脳科学』（中公新書、二〇〇二年）
を紹介しておきます。

■第11講■

モダニズム関連については、すでに紹介した文献があります。大衆社会論については、いくつかの代表的な古典を読まれるとよいでしょう。

ギュスターヴ・ル＝ボン『群衆心理』（講談社学術文庫、一九九三年）
ウォルター・リップマン『世論（上・下）』（岩波文庫、一九八七年）
ホセ・オルテガ＝イ＝ガセット『大衆の反逆』（ちくま学芸文庫、一九九五年）
デイヴィッド・リースマン『孤独な群衆』（みすず書房、一九六四年）

「近代の堕落」について説得力のある見取り図を描いて大きな影響力をもったのは、
ユルゲン・ハーバーマス『公共性の構造転換』（第二版、未来社、一九九四年）
です。この「近代の堕落」ストーリーについては、ぼくの『経済学という教養』『モダンのクールダウン』の他、少し難しいですが、
稲葉振一郎『「公共性」論』（NTT出版、二〇〇八年）
でも触れています。

「再帰的近代化」については、ギデンズやドイツの社会学者ウルリヒ・ベックらが盛んに論じています。
アンソニー・ギデンズ『モダニティと自己アイデンティティ』（ハーベスト社、二〇〇五年）

ウルリヒ・ベック、アンソニー・ギデンズ、スコット・ラッシュ『再帰的近代化』（而立書房、一九九七年）
日本人の論者による議論としては、すでに紹介した筒井淳也『制度と再帰性の社会学』が簡にして要を得ています。

■第12講■

タルコット・パーソンズの著作の多くは大部で難解です。その中で比較的新しく訳された小さな本（長めの論文の翻訳）が安価ですし、ここで提示したパーソンズ解釈——同じ価値観を共有した人々の集まりとしての社会システム——を裏づけてくれる感じですので、紹介しておきます。ただし、やはり難解です。
タルコット・パーソンズ『文化システム論』（ミネルヴァ書房、一九九一年）
タルコット・パーソンズ『知識社会学と思想史』（学文社、二〇〇三年）
最近ではパーソンズ研究書もたくさん出てきていますが、まずは先に挙げたような学説史のテキストで、勘所をつかんでおく方がよいでしょう。
「機能主義」については、二つの古典を紹介しておきます。
ブロニスラフ・マリノフスキー「西太平洋の遠洋航海者」『世界の名著71』（中央公論社、一九八〇年）
ロバート・K・マートン『社会理論と社会構造』（みすず書房、一九六一年）
後半での科学的スタンスと工学的スタンスの対比についての議論は、
N・グレゴリー・マンキュー「科学者とエンジニアとしてのマクロ経済学者」（http://d.hatena.ne.jp/svnseeds/20060622#p2）
の他、筒井淳也『制度と再帰性の社会学』を参考にしました。

「構造機能主義は論理的に不斉合である」との主張を早い時期に行った論文が、
橋爪大三郎、志田基与師、恒松直幸「危機に立つ構造・機能理論——わが国における展開とその問題点」日本社会学会『社会学評論』第三五巻第一号（有斐閣、一九八四年）
です。

ミシェル・フーコーの仕事については、まず分かりやすいのは大部ですが、
ミシェル・フーコー『監獄の誕生』（新潮社、一九七七年）
でしょう。犯罪とか社会についての見方ががらりと変わります。あとはもう腐るほど文献がありますので、とりあえず、
ミシェル・フーコー『フーコー・ガイドブック』（ちくま学芸文庫、二〇〇六年）
ディディエ・エリボン『ミシェル・フーコー伝』（新潮社、一九九一年）
あたりを読んで見当をつけましょう。

フーコーを紹介するだけの本ならたくさんありますが、それに比べると、フーコーを使いこなして自分なりの分析をしている本は日本ではまだ少ないのが現状です。その中でレベルの高いものとしては、すでに紹介した成沢著、佐藤俊樹著の他、
榎並重行、三橋俊明『細民窟と博覧会』（JICC出版局、一九八九年）
市野川容孝『社会』（岩波書店、二〇〇六年）
などがあります。

社会的構築主義については、原点である、
J・I・キツセ、M・B・スペクター『社会問題の構築』（マルジュ社、一九九〇年）
の他、カウンセリング等の問題解決への実践的応用を射程に入れた、

ケネス・J・ガーゲン『あなたへの社会構成主義』（ナカニシヤ出版、二〇〇四年）

があります。講義本論で「どちらかというと構築主義は政策実践・問題解決から一歩引こうという立場である」と論じてきたわけですが、実際にはそう単純ではないわけですね。

日本における児童虐待と構築主義的アプローチについては、

上野加代子、野村知二『〈児童虐待〉の構築』（世界思想社、二〇〇三年）

等を、その主因が経済的要因であることについては、

山野良一『子どもの最貧国・日本』（光文社新書、二〇〇八年）

等を参照してください。

経済学者による、社会問題研究への越境については、何よりもまず、

スティーヴン・D・レヴィット、スティーヴン・J・ダブナー『ヤバい経済学』（増補改訂版、東洋経済新報社、二〇〇七年）

をご覧ください。

■最終講■

ドーキンスのミーム論を徹底的に真に受けた著作として、すでに紹介したデネット著の他に、

スーザン・ブラックモア『ミーム・マシーンとしての私（上・下）』（草思社、二〇〇〇年）

があります。

スペルベルの「表象の疫学」については、

ダン・スペルベル『表象は感染する』（新曜社、二〇〇一年）

をご覧ください。

本来の意味での疫学については、津田『市民のための疫学入門』を。

差別に関する経済学的な研究については、まずはレヴィット&ダブナー著から入ればよいでしょう。社会学的研究では、ゴッフマン『スティグマの社会学』や、社会的構築主義関連の文献から勉強をはじめてみてはいかがでしょうか。

言語の進化のダイナミズムについては、

フロリアン・クルマス『ことばの経済学』（大修館書店、一九九三年）

ロビン・ダンバー『ことばの起源』（青土社、一九九八年）

を参考にしました。

ナショナリズムについては山のように文献が出ていますので、古典と最新の文献を一つずつ。

ベネディクト・アンダーソン『定本　想像の共同体』（書籍工房早山、二〇〇七年）

は現代ナショナリズム研究の出発点と目される有名な本です。そう長くもないので、一読しておかれるべきでしょう。

塩川伸明『民族とネイション』（岩波新書、二〇〇八年）

は小さいながらも中身がギュッと詰まった、最新の入門書です。著者はソ連・ロシア政治史研究の第一人者です。冷戦終了後、社会主義崩壊後のナショナリズムの爆発について考える際には、本書を逸することができません。

本書の続編として『社会学入門・中級編』（有斐閣）を二〇一九年に刊行いたしました。

主要人物年表

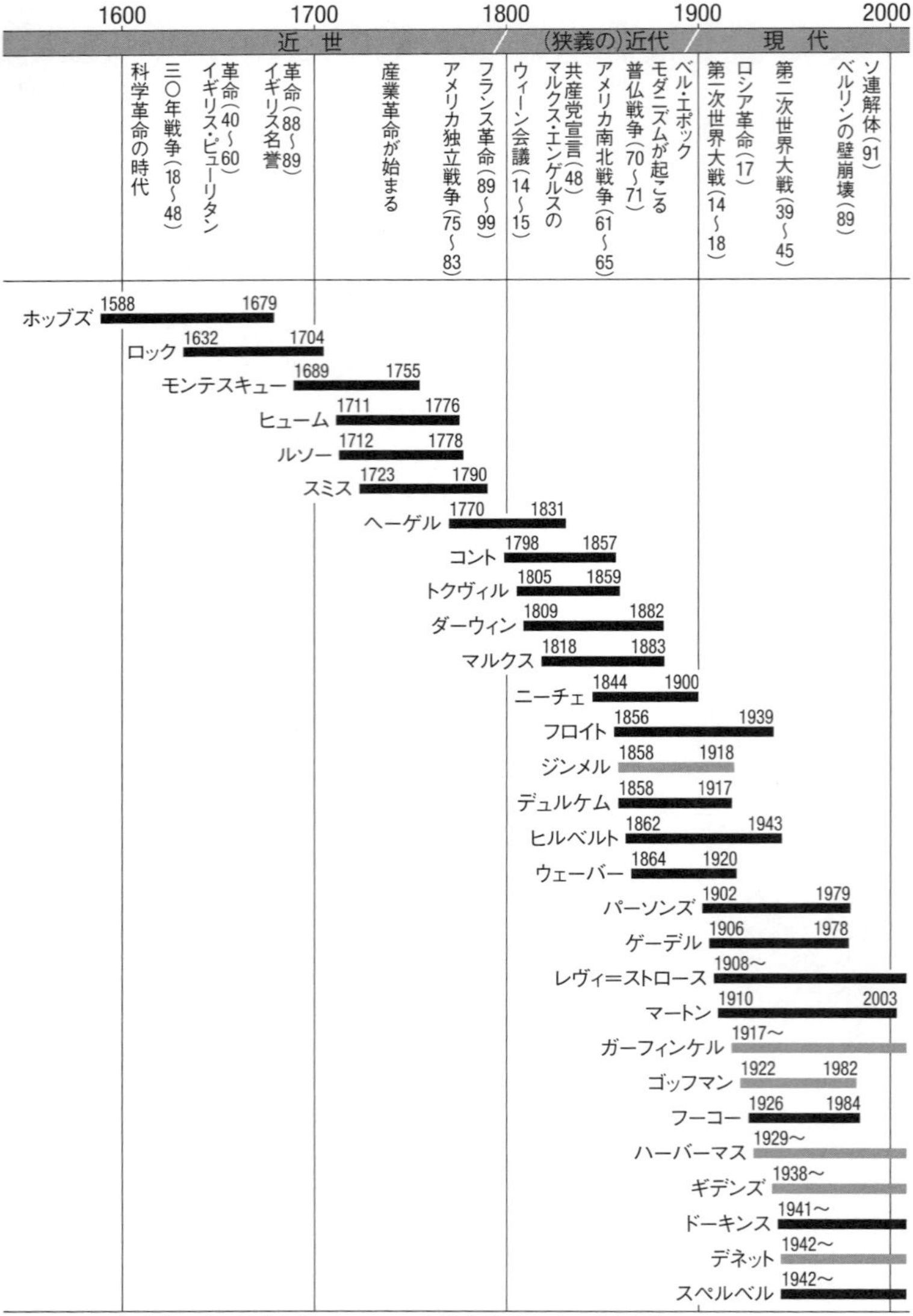
1600
1700
1800
1900
2000
近 世
（狭義の）近代
現 代
科学革命の時代
三〇年戦争（18～48）
イギリス・ピューリタン革命（40～60）
イギリス名誉革命（88～89）
産業革命が始まる
アメリカ独立戦争（75～83）
フランス革命（89～99）
ウィーン会議（14～15）
マルクス・エンゲルスの共産党宣言（48）
アメリカ南北戦争（61～65）
普仏戦争（70～71）
モダニズムが起こる
ベル・エポック
第一次世界大戦（14～18）
ロシア革命（17）
第二次世界大戦（39～45）
ベルリンの壁崩壊（89）
ソ連解体（91）
ホッブズ 1588 1679
ロック 1632 1704
モンテスキュー 1689 1755
ヒューム 1711 1776
ルソー 1712 1778
スミス 1723 1790
ヘーゲル 1770 1831
コント 1798 1857
トクヴィル 1805 1859
ダーウィン 1809 1882
マルクス 1818 1883
ニーチェ 1844 1900
フロイト 1856 1939
ジンメル 1858 1918
デュルケム 1858 1917
ヒルベルト 1862 1943
ウェーバー 1864 1920
パーソンズ 1902 1979
ゲーデル 1906 1978
レヴィ＝ストロース 1908～
マートン 1910 2003
ガーフィンケル 1917～
ゴッフマン 1922 1982
フーコー 1926 1984
ハーバーマス 1929～
ギデンズ 1938～
ドーキンス 1941～
デネット 1942～
スペルベル 1942～

※■■は本文中に出てくる人物で、■■は巻末付録に出てくる人物。

あとがき

本書はぼくが二〇〇七年度の秋学期に明治学院大学の横浜キャンパスで、主として社会学部社会学科の一年生を対象に行った講義「社会学Ｂ　社会理論への招待（２）」をもとにしています。講義に際して作ったノートと、実際の講義の音声データのトランスクリプトを土台に書き始めましたが、骨格はともかく、細部においてはほぼ書き下ろしとなりました。執筆作業自体は二〇〇八年の夏から二〇〇九年春にかけて、二〇〇八年度の研究休暇で滞在中のアメリカ合衆国はニューヨーク市、ニュースクール大学政治学部でなされました。

もとになった講義は本学の一般教養教育と社会学科のカリキュラムに位置づけられたもので、社会学入門講義としてもとりわけ理論に重点を置いたものとして組まれていますので、本書も基本的には理論、それも一般理論にかたよった本となりました。実際には「社会学における一般理論の不可能性」を主張しているのですが……。

社会学における教養教育ならびに導入教育においては、確たるフォーマットがないのが現状です。信頼すべき便利な教科書がないので、自分の講義で使うために自分用の教科書を作ってみた――というのが正直なところですが、この試みが自分個人の研究教育を超え、多少なりとも普遍的な意味合いをもつのかどうかについても、若干の下心がないわけではありません。

ところでぼくは現在の勤務先への着任の際、社会学科一年生向けの小冊子『社会学とは、どのような学問か……』に以下のように書きました。


高校時代、「「社会学」と名が付いているからには人間と社会の総体を問題にする気宇壮大な学問に違いない」と勝手に思いこんで某大学社会学部（ここではない）に入学したらば「社会学部」という名とは裏腹に実は社会学者が全然いないという事実（いまでは事情は根本的に変化したそうだが）にまず打ちのめされ、更に勝手に勉強している内に「名が身体を表すとは限らない」という当たり前のことに気が付いた。つまり「社会学は人間と社会の総体を問題にするべきである」とはよく言われるが、現実につねに「社会学は人間と社会の総体を問題にする」ことができているわけではない。それに政治学や経済学や法学だって「政治」や「経済」や「法」にしか目がいかないというわけではなく、少なくともその一級の仕事においてはたしかに「人間と社会の総体」が問題にされている。じゃあ社会学の存在意義って、一体なんだ？

というわけでいつしか社会学熱は冷め、ちょうど労働問題に関心を持っていたこともあって別の大学の経済学の大学院に進んだ。で、いろいろと勉強したあげく分かってきたのは、経済学はそれとしてとても立派で意義のある学問だが、悲しいかな自分には経済学も労働問題研究も向いていないらしい、ということだった。それでも経済と社会問題がらみの思想の歴史をネタに少し論文も書き、どうにかこうにか地方大学の経済学部に社会政策担当として就職できた。

それがこうして大学は違うがまた社会学部に今度は教員として戻ってきた、と言うより今度こそほんまもんの（社会学者でいっぱいの）社会学部に（しかも倫理学担当で！）やってきたわけであるから、色々いきさつもあるのだが、それは省略。しかし実のところ未だに自分には「社会学」なる学問の意義がよく分かっていない。

世の社会科学の多くは、世の中の制度と（言い方は悪いが）共犯関係にある。一番はっきりしているのは法学と会計学である。法律にかかわる仕事をする（法律家になる）ためには法学の勉強をしなければならず、会計の仕事をする（会計実務家になる）ためには会計学を学ばねばならない。法学や会計学にとって法律や会計という存在はただ単に客観的に観察する対象ではなく、よりよいものへと改良すべく操作する対象でもある。法学や会計学は法律や会計という仕組みを作り上げ、動かしていく現実の力の一部なのだ。

この両者に比べればずっと弱いが、政治学や経済学、経営学、あるいは教育学、社会福祉学もまたそれぞれに、現実の政治や経済、企業や学校、ソーシャルワークを動かしていく現実の力である。しかしそのような大多数の社会科学に比べたとき、社会学にはそのような力が余りない。個人としてそのような力量を持つ社会学者は少なくないが、制度としての社会学は世間からそのような尊敬を受けていない（余談ながら、そういう有力社会学者の多くは「政治社会学者」として政治学者なみの、あるいは「産業社会学者」として経営学者なみの待遇を受けているにすぎないように思われる）。

なぜそのように社会学は無力なのか？　これは難しい問題だ。無力であることとイコール悪いこととも、弱点ともただちには言えないこともまた、話を面倒にする。なぜなら、いま言ったような意味で無力であるということは、つまりは世の中の既成の権力とか利害関係とか、要するにしがらみから自由に、批判的に振る舞うことが容易である、ということであり、それはたしかに学問としての強みでありうる。だがそのような自由はもちろん、無責任であることと裏腹の関係にもあるのではないか。

(http://www.meijigakuin.ac.jp/~soc/gakka/about_013.html)

つまるところ本書は、このあまり教育的ではない愚痴を、もう少し生産的に敷衍したものです。社会学会には入っていないし、足を踏み入れたこともありませんが、社会学科に雇用されている以上は社会学に無関係なそぶりもできませんし、学科のローテーションで社会学の導入教育もしなければなりません。自分を育ててくれた経済学への義理は旧著『経済学という教養』（東洋経済新報社、文庫増補版ちくま文庫）で果たしましたので、今度は、現在自分を食べさせてくれている社会学への義理を果たそう、というわけです。

もちろん本書は単なる大学教科書としてのみならず、『経済学という教養』や現在構想中の国家論入門とあわせて、一種の「教養書」として機能することも狙っています。

何よりもまず、出欠をとらなかった割には真面目に出席されていた、明治学院大学二〇〇七年度「社会学B」受講生諸君に感謝します。講義の音声データのトランスクリプトについては、保田幸子、内田友佳両氏のお手を煩わせました。できあがった草稿のデータはmixiや電子メールで回覧しました。黒木玄氏には数学関連の記述につき、厳しいチェックを受けました。坂口緑、伊勢田哲治両氏には、全般にわたって詳細なコメントをいただきました。この他に浅川達人、岸政彦、辻大介、前川真行、三宅秀道の各位にも感想・コメントをいただきました。ただしいうまでもなく、ありうべき誤りの責はすべてぼく自身に帰するものであります。

最終稿の仕上げ中に、新進気鋭のＳＦ作家として将来を嘱望されていた伊藤計劃《けいかく》氏の訃報が入りました。生前の氏には一面識もなく、ブログ上で若干のやりとりをしただけですが、氏の小説デビュー作『虐殺器官』（早川書房）にぼくは「似たような世界観をもっている人がいた！」と勝手な連帯感を抱き、学生に勧めたりもしていたのです。この本はエンターテインメントであると同時に、混沌とした世界と向きあう一種の「教養書」としても読みうる、いわばＳＦやミステリの最善の可能性を体現した収穫でした。

謹んで本書を伊藤氏のご霊前に捧げます。

編集作業は稲葉・立岩真也『所有と国家のゆくえ』に引き続き、ＮＨＫ出版の加納展子氏にご担当いただきました。

二〇〇九年三月　マンハッタン、ユニオン・スクェア近隣、

ニュー・スクール・フォー・ソーシャル・リサーチの研究室にて

稲葉振一郎

撮影・鈴木理策

稲葉振一郎――いなば・しんいちろう

●1963年、東京生まれ。一橋大学社会学部卒業後、東京大学大学院経済学研究科博士課程単位取得退学。専攻は社会倫理学。現在、明治学院大学社会学部教授。

●著書に『リベラリズムの存在証明』(紀伊國屋書店)、『経済学という教養』(ちくま文庫)、『「資本」論』(ちくま新書)、『モダンのクールダウン』『「公共性」論』(以上、NTT出版)、共著に『マルクスの使いみち』(太田出版)、『所有と国家のゆくえ』(NHKブックス)など。

NHKブックス[1136]

社会学入門 〈多元化する時代〉をどう捉えるか

2009年6月30日 第1刷発行
2022年3月25日 第8刷発行

著 者 稲葉振一郎

発行者 土井成紀

発行所 NHK出版

東京都渋谷区宇田川町41-1 郵便番号150-8081
電話 0570-009-321(問い合わせ) 0570-000-321(注文)
ホームページ https://www.nhk-book.co.jp
振替 00110-1-49701
[印刷]啓文堂 [製本]ブックアート [装幀]倉田明典

落丁本・乱丁本はお取り替えいたします。
定価はカバーに表示してあります。
ISBN978-4-14-091136-5 C1336

NHK BOOKS

＊社会

嗤う日本の「ナショナリズム」　北田暁大
社会学入門―〈多元化する時代〉をどう捉えるか―　稲葉振一郎
ウェブ社会の思想―〈遍在する私〉をどう生きるか―　鈴木謙介
新版　データで読む家族問題　湯沢雍彦／宮本みち子
現代日本の転機―「自由」と「安定」のジレンマ―　高原基彰
希望論―2010年代の文化と社会―　宇野常寛・濱野智史
団地の空間政治学　原　武史
図説　日本のメディア［新版］―伝統メディアはネットでどう変わるか―　藤竹　暁／竹下俊郎
ウェブ社会のゆくえ―〈多孔化〉した現実のなかで―　鈴木謙介
情報社会の情念―クリエイティブの条件を問う―　黒瀬陽平
未来をつくる権利―社会問題を読み解く6つの講義―　荻上チキ
新東京風景論―箱化する都市、衰退する街―　三浦　展
日本人の行動パターン　ルース・ベネディクト
「就活」と日本社会―平等幻想を超えて―　常見陽平
現代日本人の意識構造［第九版］　NHK放送文化研究所　編

＊経済

考える技術としての統計学―生活・ビジネス・投資に生かす―　飯田泰之
生きるための経済学―〈選択の自由〉からの脱却―　安冨　歩
資本主義はどこへ向かうのか―内部化する市場と自由投資主義―　西部　忠
雇用再生―持続可能な働き方を考える―　清家　篤
希望の日本農業論　大泉一貫
資本主義はいかに衰退するのか―ミーゼス、ハイエク、そしてシュンペーター―　根井雅弘

※在庫品切れの際はご容赦下さい。